C.H.BECK ■ WISSEN

in der Beck'schen Reihe

D1720966

Bereits erschienen:
Marius Flothuis, Mozarts Klavierkonzerte (bsr 2200)
Georg Feder, Haydns Streichquartette (bsr 2203)
Marius Flothuis, Mozarts Streichquartette (bsr 2204)

In dem vorliegenden Band wird die Geschichte des symphonischen Schaffens von Johannes Brahms allgemeinverständlich erzählt und erklärt. Der Autor erläutert die kompositionsgeschichtlichen und geschichtsphilosophischen Voraussetzungen der Symphonie, bietet einen knappen Abriß der musikalischen Gattungen seit Beethoven sowie eine Orientierung über die Stellung der Symphonie im Gesamtwerk von Johannes Brahms. Darüber hinaus werden die einzelnen Symphonien vorgestellt und in ihrer musikhistorischen Wirkung beschrieben.

Christian Martin Schmidt lehrt als Professor für Musikwissenschaft an der Technischen Universität Berlin. Seine Forschungsschwerpunkte sind Analyse, Ästhetik und Editionstechnik der Musik des 16. bis 20. Jahrhunderts.

Christian Martin Schmidt

BRAHMS
SYMPHONIEN

Ein musikalischer Werkführer

Verlag C.H. Beck

Mit zahlreichen Notenbeispielen

Die Deutsche Bibliothek – CIP-Einheitsaufnahme

Schmidt, Christian Martin:
Brahms Symphonien : ein musikalischer Werkführer /
Christian Martin Schmidt. – Orig.-Ausg. – München :
Beck, 1999
  (C. H. Beck Wissen in der Beck'schen Reihe ; Band 2202)
  ISBN 3 406 43304 9

Originalausgabe
ISBN 3 406 43304 9

Umschlagentwurf von Uwe Göbel, München
© C. H. Beck'sche Verlagsbuchhandlung (Oscar Beck), München 1999
Gesamtherstellung: C. H. Beck'sche Buchdruckerei, Nördlingen
Gedruckt auf säurefreiem, alterungsbeständigem Papier
(hergestellt aus chlorfrei gebleichtem Zellstoff)
Printed in Germany

Inhalt

Einführung

Was, so ließe sich gut einhundert Jahre nach dem Tode von Johannes Brahms fragen, ist noch immer so aktuell an seiner Musik, daß es sinnvoll und lohnend erscheint, ein Buch über sie zu schreiben, das sich nicht nur an Wissenschaftler richtet, sondern vor allem auch die Interessen eines breiteren Leserkreises im Auge behält? Und warum, so ließe sich weiter fragen, erscheint gerade die Gattung der Symphonie so geeignet, einerseits sachlich begründet das Gesamtwerk von Brahms zu repräsentieren und andererseits mit der besonderen Aufmerksamkeit des heutigen – hörenden und lesenden – Publikums rechnen zu können?

Daß Brahms einer der bedeutendsten Komponisten in der zweiten Hälfte des 19. Jahrhunderts war, wie etwa Guillaume Machaut im 14. und Heinrich Schütz im 17. Jahrhundert, wurde und wird von niemandem bestritten und ist mit Blick auf das Niveau des kompositorischen Handwerks nachweisbar. Daß aber eine solche inhaltliche Qualität auch die dauerhafte Rezeption der Kompositionen nach sich zieht, daß die Werke mithin lebendiger Gegenstand der Musikpflege werden konnten, ist eine musikgeschichtlich relativ junge Erscheinung. Sie zeichnete sich erst im 19. Jahrhundert durch das aufblühende bürgerliche Konzertleben und durch die in ihrer Breite kaum zu überschätzende Hausmusik am Klavier ab und wurde im 20. Jahrhundert durch die Möglichkeiten der technischen Reproduktion noch intensiviert. Kunstwerke der Vergangenheit wurden nicht mehr nur als historische Relikte angesehen, sondern spielten mehr und mehr eine substantielle Rolle für die kulturelle beziehungsweise musikalische Gegenwart und wurden dementsprechend nicht nur zur Kenntnis genommen, sondern immer öfter auch aufgeführt.

Eine solche Akzeptanz von musikalischen Produkten als ästhetischer Gegenstand der eigenen Lebenswelt allerdings ist keineswegs konsistent oder durchwegs sachlich begründet; überdies sind der zeitliche Abstand und damit auch die Vertrautheit mit der jeweiligen musikalischen Sprache von entscheidender Bedeutung. Das zeigen die genannten Beispiele: Brahms konnte mit einer ungebrochenen Tradition der Rezeption rechnen – was freilich, wie das Beispiel Gustav Mahler zeigt, nicht automatisch für alle Komponisten des 19. Jahrhunderts gilt; Schütz bedurfte ebenso wie Bach und Händel einer Renaissance; und die Kompositionen von Machaut schließlich sind nie in den Kanon einer aktuell gültigen Ästhetik aufgenommen worden.

Festgehalten sei also zunächst – als Antwort auf die erste der oben gestellten Fragen –, daß Brahms' Musik, ungeachtet des zeitlichen Abstands zu ihrer Entstehung, als gegenwärtiges Ereignis gelten muß, als Teil unserer kulturellen Gegenwart. Wie bei der ‚Neunten‘, der ‚Kleinen Nachtmusik‘ oder dem ‚Weihnachtsoratorium‘ muß man bei ‚Ein deutsches Requiem‘ noch nicht einmal die Gattung oder den Komponistennamen erwähnen, um verstanden zu werden.

Doch zeigt sich auch bei der Rezeption der Brahmsschen Musik die soeben angedeutete Wandelbarkeit der Bewertung durch die eigene Generation beziehungsweise nachfolgende Generationen. Für einen heutigen Hörer stehen, geht es um Brahmssche Musik, die Symphonien neben dem ‚Deutschen Requiem‘ unverkennbar im Vordergrund. Für Brahms' Zeitgenossen dagegen war die Gewichtung seiner Werke eine durchaus andere, und dies vor allem zuungunsten der Symphonien. In den zahlreichen Nekrologen, die nach Brahms' Tod im Mai 1897 verfaßt wurden, werden als wirklich bedeutsame Werke nur ‚Ein deutsches Requiem‘ sowie die ‚Ungarischen Tänze‘ immer wieder erwähnt. Einige Wertschätzung erfuhren auch die Lieder und Kammermusikwerke; und selbst im Verhältnis zu den Konzerten standen die Symphonien im Schatten. Mit der zeitgenössischen Rezeption also kann es nicht gerechtfertigt werden, die Symphonien als repräsentativ für Brahms' Gesamtwerk hinzustellen.

Gute Gründe dafür bieten aber zum einen die ästhetische Geltung der Symphonie als Gattung, die im allgemeinen Musikdenken des 20. Jahrhunderts eher noch zugenommen hat, und die Rolle, die die Symphonie als Brahms' Lebensziel und Versammlung aller seiner kompositorischen Bestrebungen gespielt hat.

Seit Anfang des 19. Jahrhunderts gilt die Symphonie als höchste und zugleich repräsentativste Gattung der autonomen Tonkunst. Seitdem ist sie, wie Carl Dahlhaus schreibt, neben der Fuge „die einzige musikalische Form oder Struktur, von der man ohne Übertreibung sagen kann, daß sie im allgemeinen Bewußtsein der Gebildeten zu einer Idee oder sogar zu einem Mythos geworden ist: zu einem ‚*opus metaphysicum*'."[1] Eine solche qualitative Bewertung der Symphonie kann heute mit quantitativen Daten belegt werden, wie sich unschwer am ‚Bielefelder Katalog' aller in Deutschland käuflich verfügbaren Tonträger nachweisen ließe, zumal bei den Beethoven-, Brahms-, Bruckner- und Mahler-Symphonien. Diese Bedeutung könnte man aber auch – gewiß keine Äußerlichkeit – an der Benennung der heutigen Konzertformen aufspüren. Der allgemeine Begriff für Musikveranstaltungen (mit Ausnahme der Oper) ist ‚Konzert': „Ich gehe ins Konzert." Und von den speziellen Namen für die Art von Musikveranstaltungen gibt es nur eine – und zwar für eine besonders repräsentative Institution –, bei der jener zentrale Begriff an einer Gattung beziehungsweise Form festgemacht wird: das ‚Symphoniekonzert' (mit der seltenen Variante ‚Orchesterkonzert'). Veranstaltungen etwa mit Liedern oder Klavierstücken heißen ‚Abende', und beim Chor-, Orgel-, Kammer- oder Kirchenkonzert wird der Begriff mit Besetzungstypen oder Räumlichkeiten verbunden.

Wie die meisten Komponisten des 19. Jahrhunderts hat Brahms in der Schaffung einer Symphonie das höchste Ziel seiner kompositorischen Arbeit gesehen; sie gelang ihm freilich erst nach großen Anstrengungen und unter nur mühsam überwundenen Selbstzweifeln. Bei wenigen Komponisten aber ist die Verbindung dieser Gattung zu anderen, zur Klavier- und Kammermusik, zu den Chorwerken und sogar den Liedern, so eng wie bei Brahms, sei es im Entstehungsprozeß und bei der Erlernung spezieller handwerklicher Fertigkeiten, sei es in der konkreten Ausarbeitung der Form und des musikalischen

Details. Man kann also mit Recht davon sprechen, daß in der Symphonie mehrere wesentliche Facetten seines kompositorischen Œuvres gebündelt erscheinen.

Diese Besonderheit des Brahmsschen Komponierens konnte allerdings erst nach dem Wandel des Brahms-Bildes zutage treten, nachdem klar geworden war, daß seine Werke nicht allein Reflex der Vergangenheit sind, sondern tiefgreifende Neuerungen im Bereich des kompositionstechnischen Handwerks aufweisen. Erst dann, im Anschluß an Arnold Schönbergs Aufsatz ‚Brahms, der Fortschrittliche‘ von 1933, war der Weg zu einer eingehenden, zuweilen sogar strukturalistischen Analyse der Brahmsschen Werke frei, die solch zukunftsträchtige Momente wie jene Verbindung zwischen den Gattungen überhaupt erst ans Licht treten ließ. Zugleich aber konnten durch die analytische Werkbetrachtung auch die retrospektiven Züge bei Brahms klarere Kontur annehmen, namentlich seine Auseinandersetzung mit der – damals wie heute – monumentalen Gestalt Beethovens, die nirgendwo so deutlich hervortritt wie in seiner 1. Symphonie.

I. Kompositionsgeschichtliche und geschichtsphilosophische Voraussetzungen

1. Die Symphonie bei Beethoven und ihre Folgen

Im Jahre 1809 schrieb E. T. A. Hoffmann:[2] „Daß die Instrumentalmusik jetzt zu einer Höhe gestiegen ist, von der man vor nicht gar zu langer Zeit wohl noch keinen Begriff hatte; daß ferner die Sinfonie insonderheit durch den Schwung, den Haydn und Mozart ihr gaben, das Höchste in der Instrumentalmusik – gleichsam *die Oper* der Instrumente geworden ist: alles dieses weiß jeder Freund der Tonkunst. Alle im Orchester üblichen Instrumente, ihre charakteristischen Eigenheiten aussprechend, in der Aufführung solch eines Drama zu vereinigen, und so [...] das Einzelne nur zum Ganzen wirken zu lassen: das war die schwierige Aufgabe, welche die Heroen der Tonkunst in der Sinfonie mit Glück lösten, und ihre genialen Produkte dieser Art sind mit Recht die Norm geworden, wornach spätere Komponisten ihre Sinfonieen ausarbeiteten."

In der Tat befand sich die Instrumentalmusik, ja die Musik insgesamt, zu Beginn des 19. Jahrhunderts in einem grundlegend neuen Zustand. Die bereits in den vorangehenden Jahrzehnten aufgekommene Vorstellung von einer autonomen Musik, die keinerlei außermusikalischen Zwecken verpflichtet sei und ihren Sinn allein in sich selbst trüge, hatte sich durchgesetzt, und Beethoven nannte sich als erster mit Stolz „Tonkünstler". Damit war naturgemäß der Instrumentalmusik eine besondere und neue Rolle zugewachsen: Sie, die nicht an einen Text und somit nicht an einen semantisch festgelegten Inhalt gebunden war, galt als Tonkunst im eigentlichen Sinne. Daß E. T. A. Hoffmann nun gerade und ausschließlich die Symphonie hervorhebt und nicht etwa das Streichquartett, das ebenso jung und vom ästhetischen Anspruch her der Symphonie ebenbürtig, wenn nicht überlegen war, hängt mit einer weiteren entscheidenden Facette der immer mehr aufblühenden bürgerlichen Musikpflege zusammen: dem Bedürfnis nach Monumen-

talität. Wenn Hoffmann die Symphonie mit der Oper gleich-
setzt, so ist das nicht nur auf die Vielstimmigkeit als faktische
Eigenschaft zurückzuführen, die beide Gattungen verbindet,
sondern vor allem auf das Moment der großen Dimension, des
ausladenden Gestus und des langen Atems, derentwegen der
Oper unverkennbar die Spitzenstellung im vokalen Bereich zukam. Daß die Instrumentalmusik mit der Symphonie nun erstmals in der Musikgeschichte eine Gattung eben solch einer
Dimension aufzuweisen hatte, läßt sie als spezifischen Ausdruck des Zeitgeistes nach der Französischen Revolution erscheinen, der seine Wurzeln ja nicht oder nicht in erster Linie
im künstlerischen Bereich hatte, der aber auch dort beträchtlichen Niederschlag fand. Die öffentliche Rezeption der Zeit, in
der der Begriff ‚klassisch‘ nun auch auf die Musik bezogen
wurde, erwartete geradezu von neuen Kompositionen beziehungsweise repräsentativen Aufführungen Größe in der Musik.

Aus der Fülle der möglichen Belege für diese Rezeptionshal-
tung seien nur zwei herausgegriffen; sie stellen zwei Komponisten heraus, deren Geltung als besonders prominente „Heroen
der Tonkunst" – um mit Hoffmann zu sprechen – seit den
dreißiger Jahren des 19. Jahrhunderts unbestritten war: Beethoven und Bach.

Bemerkenswert ist – als erster Beleg – die Häufigkeit, mit
der Beethoven Werke seiner Spätzeit als „groß" bezeichnete,
was sich – wohl überflüssig zu betonen – nicht allein auf die
Dimension bezieht, sondern gleichermaßen auf den ästhetischen Anspruch: Op. 106 heißt ‚Große Sonate für Hammer-
klavier‘, Op. 133 ‚Große Fuge‘, selbst die ‚Diabelli-Variatio-
nen‘, Op. 120, nennt Beethoven in einem Brief an den Verleger
Peter Joseph Simrock „Große Veränderungen über einen bekannten Deutschen". Und als am 7. Mai 1824 die 9. Symphonie, Op. 125, im Wiener Kärntnertortheater zur Uraufführung gelangte, verzeichnete das Programm neben dieser
‚Großen Symphonie‘ eine ‚Große Ouvertüre‘, nämlich ‚Die
Weihe des Hauses‘, Op. 124, sowie drei ‚Große Hymnen‘,
nämlich das Kyrie, Credo und Agnus Dei aus der ‚Missa so-
lemnis‘, Op. 123.

Der zweite Beleg bezieht nun auch ein weiteres wichtiges Element des Musikdenkens jener Zeit mit ein: den Historismus, das heißt die praktische und theoretische Beschäftigung mit alter Musik, die – losgelöst aus ihrem historischen Kontext – den aktuellen ästhetischen Vorstellungen eingepaßt wurde. Denn jener Anspruch an Größe wurde auch an die Wiederaufführung von Bachs ,Matthäus-Passion' gestellt, die Felix Mendelssohn Bartholdy initiiert hatte und die er am 11. März 1829 in Berlin leitete. Sie wurde diesem Anspruch – wie die Wirkung zeigt – in jeder Hinsicht gerecht, geriet zu einem ,Kairos' der Musikgeschichte und schuf die faktische Voraussetzung für das „Wunder der Musikgeschichte", wie Friedrich Blume die Bach-Rezeption im 19. Jahrhundert, an der Brahms ja nicht unbeträchtlich Anteil nahm, treffend bezeichnet hat. Erreicht war damit selbst hinsichtlich der Rezeption älterer Musik der Übergang vom historischen Relikt, das von einigen wenigen geschätzt und gepflegt wurde, zum Gegenstand der ästhetischen Kontemplation und Verehrung für viele. Die Komposition war nicht mehr allein als geschichtliches Dokument in ihren historischen Kontext – und bei Bach in ihre äußere Zweckbestimmung – eingebunden, sondern wurde dank ihrer Größe oder sachlichen Qualität als ein dem historischen Wandel enthobenes Objekt der Kunstbetrachtung angesehen. Und Bachs Musik bewährte sich innerhalb dieser ihr originär gänzlich fremden Betrachtungsweise in einem solchen Maße, daß er nicht nur im Kanon der *Auctores classici* Aufnahme fand, sondern in ihm sogar einen herausragenden Rang erlangte.

Zusammen mit dem Begriff der Größe und Erhabenheit von Musik nämlich, ihrer Geltung als autonome Kunst, bildete sich seit Anfang des 19. Jahrhunderts nicht nur ein festes Repertoire von immer wieder aufgeführten Kompositionen heraus, sondern gleichermaßen ein Kanon von Komponisten, in dem bestimmte Genres ihre ausgezeichneten Vertreter fanden: Palestrina stand für die katholische Kirchenmusik, Bach für die protestantische, Gluck für die musikalische Tragödie und Mozart für die *opera buffa*, Haydn für das Streichquartett, Beethoven für die Symphonie und Schubert für das Lied.

Man kann solche Festlegungen hinsichtlich ihrer inhaltlichen Richtigkeit durchaus in Zweifel ziehen; so kann man sich aus sachlichen Gründen fragen, warum die protestantische Kirchenmusik nicht in Heinrich Schütz – dessen Musik allerdings erst später zur Kenntnis genommen wurde – anstelle von Bach ihren Repräsentanten gesehen hat, das Streichquartett nicht durch Mozart vertreten war (bei Schubert und dem Lied ist der Konnex zwingend). Doch der Zwang zur monistischen Anbindung, die der Regel zu folgen scheint, daß jede Gattung und jeder Komponist nur einmal vorkommen, hat notwendigerweise Vergröberungen zur Folge. Dennoch ist jener Kanon eine – wie immer triftige – historische Tatsache, die es als solche ernst zu nehmen gilt und die Folgen gehabt hat.

Was nun die Symphonie angeht, so ist innerhalb des sich ausbildenden Kanons ein Wandel beziehungsweise eine Entwicklung zu konstatieren. Am Beginn des Jahrhunderts, zu einem Zeitpunkt also, als der Gattung bereits höchster Stellenwert zuerkannt wurde, galten Haydn und Mozart als Meister der Symphonie; das dokumentiert die oben wiedergebene Äußerung E. T. A. Hoffmanns. Und noch weit später, 1838, vertritt Gottfried Wilhelm Fink im Artikel ,Symphonie' des sechsten Bandes von ,Schillings Encyclopädie der gesammten musikalischen Wissenschaften' die Auffassung, daß es Haydn gewesen sei, der „die Symphonie zu einer völlig neuen, inhaltsvollen, wahrhaft grossen und in sich selbständigen Musikgattung erhob, wie sie vor ihm schlechthin nicht vorhanden gewesen war. Mit unserm J. Haydn fängt eine ganz neue Aera nicht allein der Symphonie, sondern der ganzen Instrumentalmusik an [...]. Das Wesen, also auch der Begriff der Symphonie ist völlig geändert; gross ist sie geworden; man sollte sie also zum Unterschied von der alten die ,grosse Symphonie' nennen."

Inzwischen aber war Beethoven – bereits zu seinen Lebzeiten, mehr aber noch, und zwar bald nach seinem Tode – zu der monumentalen Figur aufgestiegen, die er bis heute geblieben ist. Und dies hatte gute Gründe: Er war es gewesen, der als der späteste der klassischen Trias Haydn, Mozart, Beethoven am entschiedensten den Begriff der Musik im allgemeinen Bewußtsein der Zeit nobilitiert hatte und dessen Werk die Voraussetzung geschaffen hatte, den emphatischen Begriff von Größe auch in Musik verwirklicht zu wissen. Es waren also nicht nur die herausragende handwerkliche Qualität der Werke Beethovens, seine eminente Erweiterung der musikalischen Ausdrucksmöglichkeiten, die seine Kompositionen für die nachfolgenden Generationen zum verpflichtenden Maßstab werden ließen, sondern auch der Wandel der ästhetischen Geltung von Musik, ihr Anspruch als große autonome Tonkunst. Daß eine solche Aufwertung des Komponisten zum Heros der Tonkunst an sich kaum denkbar gewesen wäre, wenn er nicht auch in der „völlig neuen, inhaltsvollen, wahrhaft grossen und in sich selbständigen Musikgattung" besonders bedeutende Werke geschaffen hätte, liegt auf der Hand. Und seine Symphonien, die sich ja in der Tat durch besondere Einzigartigkeit und Individualität auszeichnen und voneinander absetzen, ließen niemals den Verdacht aufkommen, der bei Mozart und mehr noch bei Haydn angesichts der Vielzahl symphonischer Produkte naheliegen konnte, daß sie nämlich weniger Kunstwerke ganz und gar individueller Prägung als vielmehr bloße Exemplare einer Gattung seien. Allerdings dauerte es bis zum Ende der dreißiger Jahre des 19. Jahrhunderts, also etwa an die zehn Jahre nach seinem Tod, ehe sich Beethovens Symphonien als kanonisch festgezurrtes Vorbild durchgesetzt hatten. „In dieser Zeit vollzog sich allerdings in raschen Schritten die Inthronisierung Beethovens zum unangefochtenen Herrscher über die Symphoniekonzerte. Parallel dazu rückte seine Symphonik auch im Hinblick auf die normativen Grundlagen der Komposition in eine hegemoniale Position. [...] Nun erst bestanden im Reich der Symphonie klare Machtverhältnisse. Beethovens symphonisches Œuvre war zum nahezu konkurrenzlosen Inbegriff großer, selbständiger und erhabener Musik geworden."[3]

Diese hegemoniale Position von Beethovens Symphonik zog für die weitere historische Entwicklung der Gattung zwei prägende Phänomene nach sich, die in der Musikgeschichte wohl einmalig sein dürften. Zum einen hatte Beethoven – nach der

Vorbereitung durch Haydn und Mozart – die Symphonie zu einem solchen Rang und Anspruch erhoben, daß sie als höchstes Ziel des Komponierens an sich angesehen wurde. Zahlreiche Komponisten des 19. Jahrhunderts haben zeitlebens um die Bewältigung des verpflichtenden Problems der Symphonie gerungen; bereits Felix Mendelssohn Bartholdy etwa und Robert Schumann, denen zwar Werke dauerhafter Bedeutung gelangen, deren Symphonien aber kaum das Zentrum ihres Œuvres darstellen; und noch Max Reger etwa, dessen Bemühungen kein Erfolg beschieden war, oder Arnold Schönberg, der den ästethischen Anspruch der Symphonie in die reduzierte Form der Kammersymphonie preßte. Brahms, der – wie näher zu zeigen sein wird – erst mit 43 Jahren der Schwierigkeiten Herr zu werden in der Lage war, nach Beethoven eine Symphonie zu schreiben, soll geäußert haben – und dies wirft ein bezeichnendes Licht auf sein geschärftes Problembewußtsein, das er mit vielen teilte –: Die Symphonie sei „eine Angelegenheit von Leben und Tod".

Das zweite – und wohl noch erstaunlichere – Phänomen der Übermachtstellung von Beethovens Symphonik im 19. Jahrhundert ist die Tatsache, daß sie – soweit bisher überschaubar ist – eine kontinuierliche Entwicklung der Gattung verhinderte, eine Entwicklung jedenfalls, in der jede vorangehende Stufe die Voraussetzung für die folgende und jede folgende die Konsequenz aus der vorangehenden Stufe ist. Die Symphoniekomponisten der späteren Generationen nahmen sich also nicht der Probleme und Herausforderungen der jeweils vorangehenden Generation an, sondern orientierten sich nahezu ausschließlich an Beethoven: Die Bezugnahme auf eine der Beethovenschen Symphonien – zu welcher, ist durchaus unterschiedlich – war mithin unmittelbar, und eine Vermittlung durch eine Zwischenstufe stellt weithin die Ausnahme dar. Dies gilt für die auf Beethoven folgende Generation ohnehin, aber ebenso für Bruckner und Brahms und selbst noch für Gustav Mahler (bei dem allerdings die unverkennbare Beziehung der 2. Symphonie zu Mendelssohns ‚Lobgesang', Op. 52, eine signifikante Ausnahme bildet).

Allerdings muß eine Charakterisierung der nachbeethovenschen Symphonik notwendigerweise vorläufig bleiben, solange die eminente Produktion an Symphonien im 19. Jahrhundert nicht einigermaßen vollständig erfaßt ist und beurteilt werden kann. Denn sie beruht ausschließlich auf der Kenntnis derjeniger Kompositionen, die der Furie des Vergessens entronnen, das heißt im gegenwärtigen Musikleben weiterhin lebendig sind. Es mag angesichts des Ranges der Gattung verblüffen, wie wenige nach Beethoven komponierte Symphonien des 19. Jahrhunderts die Zeiten überdauert haben, nämlich nur solche von Mendelssohn Bartholdy, Schumann und Berlioz, von Brahms, Bruckner, Dvořák, Tschaikowsky und Franck sowie am Ende des Jahrhunderts von Sibelius und Mahler, also von nur zehn Komponisten. Die bewußt provozierend formulierte These von Carl Dahlhaus, es habe von den fünfziger bis zu den siebziger Jahren eine Krise oder tote Zeit der Symphoniekomposition gegeben, hat in der Musikwissenschaft nicht nur eine methodologische Diskussion ausgelöst, sondern ist auch in einigen jüngeren Forschungsarbeiten fruchtbar geworden, die sich weniger bekannten Symphoniekomponisten zuwenden.[4] Und Walter Frisch hat sich in seinem 1996 erschienenen Buch über Brahms' Symphonien[5] die Mühe gemacht, alle Symphonien zusammenzustellen, die zwischen der Drucklegung von Schumanns 3. (1851) und Brahms' 1. Symphonie (1877), also genau in jener von Dahlhaus als „Krise" apostrophierten Zeit, im deutschsprachigen Raum verlegt wurden; die Liste beläuft sich auf 80 Werke von insgesamt 54 Komponisten. Dies mag eine Vorstellung davon geben, welch immense Arbeit einer pur historischen (oder gar positivistischen) Musikwissenschaft ins Haus steht, die unter potentieller Hintanstellung des ästhetischen Gewichts der Werke die Frage überprüfen will, inwieweit die behauptete Unmittelbarkeit zur Symphonik Beethovens tatsächlich für einen quantitativ signifikanten Prozentsatz der Symphonien des 19. Jahrhunderts gilt. Doch ist von vornherein nicht auszuschließen, daß sich hier notwendige Korrekturen beziehungsweise Differenzierungen ergeben.

Für Brahms indes, um den es hier geht, gilt jene Feststellung uneingeschränkt; anders als etwa in der Klavierkammermusik (Schubert), in oratorischen Chorwerken (Mendelssohn Bartholdy), in den lyrischen Klavierstücken (Mendelssohn Bartholdy, Robert und Clara Schumann) oder im Lied (Schumann, aber auch Schubert) fühlte er sich bei der Symphoniekomposition einzig und allein Beethoven verpflichtet.

Welches nun aber sind die wesentlichen Eigenschaften der Symphonie bei Beethoven? Als sachlicher Ausgangspunkt vieler der folgenden Überlegungen ist eine kurze Skizze des kompositionstechnischen, formalen und ästhetischen Konzepts erforderlich, die aber auf die Erwähnung aller individuellen Unterschiede zwischen den Symphonien, vor allem aber auf eine Diskussion unterschiedlicher Auffassungen verzichtet, die in der langjährigen intensiven Rezeption der Werke – namentlich was die Sonatenform angeht – vertreten worden sind.

Die Symphonie ist zunächst und von außen eine Orchestersonate, das heißt, sie gleicht in der formalen Anlage der Klaviersonate und allen in dieser Hinsicht an sie angelehnten Gattungen (Violinsonate, Klaviertrio, Streichquartett usw.). Es wäre aber ein grobes Mißverständnis anzunehmen, die Symphonie sei lediglich eine instrumentierte Klaviersonate; sie ist vielmehr mit Emphase *Orchester*sonate, das heißt, die Möglichkeiten des Klangapparats spielen eine entscheidende Rolle bei der Formulierung der musikalischen Einzelheiten, der Themen, der formfunktional bestimmten Abschnitte, der charakteristisch voneinander abgehobenen Sätze. Ein Beispiel gibt bereits der Anfang von Mozarts ‚Jupiter-Symphonie‘, bei dem das überaus wichtige und im Instrumentalklang zu sich selbst kommende Alternieren zwischen Tutti- und Solosatz seine entscheidende Qualität verliert, wenn er auf dem Klavier dargeboten wird; und der Anfang von Beethovens 9. Symphonie – ein besonders krasser Fall – klingt auf dem Klavier wie eine Karikatur.

Formal besteht die Symphonie auf ihrer höchsten Ebene aus vier Sätzen unterschiedlichen Charakters, dem Kopfsatz in mittelschnellem oder schnellem Tempo, einem Langsamen

Satz, einem tänzerischen Satz in raschem (oder mäßigem) Tempo als Menuett oder Scherzo und einem schnellen Schlußsatz. Zusammengebunden wird die Reihung der vier Sätze durch die Tonartenanlage: Der Kopfsatz steht ebenso wie der Schlußsatz in der Tonika als dem Zentrum der Tonart (bei Moll-Stücken kann der Schlußsatz die Tonika auch nach Dur aufhellen), und innerhalb dieses Zusammenhalt schaffenden Rahmens entfalten sich die Mittelsätze in abweichenden, aber in der Regel nahe verwandten Tonarten. Am gewichtigsten unter den Sätzen ist der Kopfsatz, die Mittelsätze treten deutlich dahinter zurück und können in ihrer Reihenfolge ausgetauscht werden; die formale Bedeutung des Schlußsatzes wird im Laufe der Entwicklung immer größer, aus dem ‚Rausschmeißer' wird ein wirkliches Finale, das dem Kopfsatz durchaus ebenbürtig sein oder, wie in der 9. Symphonie, ihn sogar übertreffen kann.

In der individuellen formalen Anlage ist unter den vier Sätzen der Langsame am wenigsten festgelegt; er kann – wie zumeist – als Liedform A/B/A mit Coda, als Variationenreihung, reduzierte Sonatenform oder als Mischform gestaltet sein. Der tänzerische Satz dagegen weist in der Regel eine klare, potenzierte Dreiteiligkeit auf: A: a/b/a | Trio B: c/d/c | A: a/b/a.

Hauptform des Schlußsatzes ist das Rondo, in dem ein Refrain in der Tonika als Hauptsache des Ganzen mit tonal und thematisch von ihm unterschiedenen Couplets alterniert (also: A/B/A/C/A/D/A usw.). Zu Beginn des 19. Jahrhunderts indes war vor allem eine spezifische Ausprägung des Rondos in Gebrauch, das Sonatenrondo; es übernimmt – Zeichen der besonderen Strahlkraft dieses formalen Konzepts – Momente der Sonatenform, indem das erste und dritte Couplet thematisch gleich sind und so wie die beiden Seitensätze in der Sonatenform die Kontrasttonart (Dominante oder parallele Durtonart) beziehungsweise die Tonika präsentieren.

Der Kopfsatz ist normativ fixiert, und zwar auf die wichtigste Form des 19. Jahrhunderts, vielleicht sogar die bedeutendste Form der Musikgeschichte überhaupt. Sie bedarf daher einer näheren Erläuterung.

Die Sonatenform ist von dem dialektischen Prinzip der Lösung eines dualen Konflikts bestimmt. Dieser Konflikt wird im Anfangsteil, der Exposition, vorgetragen, im Mittelteil, der Durchführung, ausgetragen, und im Schlußteil, der Reprise, gelöst. Beethoven fügt der Reprise, also dem eigentlichen Ziel der Form, noch eine Coda an, die tonal jene Lösung nochmals akzentuiert, motivisch indes auf die Verarbeitungsphase in der Durchführung zurückgreifen kann.

Grundlegend für die beschriebene formale Bewegung ist die Anlage der Harmonik: Der Gegensatz zwischen den tonalen Stufen des Hauptsatzes (Tonika) und des Seitensatzes beziehungsweise Seitsatzendes (Dominante, in Moll-Sätzen die parallele Dur-Tonart) stellt den Ausgangspunkt für die Entwicklung in der Durchführung dar, die zur Lösung des Gegensatzes in der Reprise führt: Haupt- und Seitensatz werden auf der gleichen Stufe, nämlich der Tonika, wiederaufgenommen. Es ist also nicht der Gegensatz zwischen den Themen, der den musikalischen Diskurs auslöst; die Themen fungieren vielmehr als gestaltliche und somit besonders einprägsame Repräsentanten der in der Exposition gegeneinander gestellten Tonartenstufen und werden daher auch nur selten in der Durchführung miteinander kombiniert.

Die bisherige Beschreibung hat ihre Gültigkeit ebenso für die Sonatenform bei Haydn und Mozart; und auch schon bei ihnen ist der Unterschied zwischen den Formteilen hinsichtlich des Tonsatz-Zustands ausgebildet: Exposition und Reprise, in denen die Präsentation von Themen im Vordergrund steht, sind *fest* gefügt, die Durchführung dagegen, die von der Verarbeitung meist nur des Hauptthemas bestimmt ist, *locker*. Eine Besonderheit bei Beethoven aber ist der zielgerichtete Impetus, den er der Durchführung als dramatischer Entwicklung verleiht. Technisch wird diese Entwicklung durch die fortschreitende Abspaltung eines Durchführungsmodells, das heißt durch die rhythmische Verkürzung aufeinanderfolgender Motivglieder, sowie durch eine harmonische Beschleunigung bewerkstelligt. Auf diese Weise wird die Durchführung zu einer den Zeitverlauf emphatisch ausfüllenden Entwicklung, der Reprisenbeginn dagegen zum wirklichen, unüberhörbaren Telos der dramatischen Form.

Hätte sich E. T. A. Hoffmann in dem oben angeführten Zitat auch schon auf die Symphonien Beethovens bezogen – wie er das ein Jahr später in seiner berühmten Rezension der 5. Symphonie mit Emphase getan hat –, so hätte er das Drama, „die *Oper* der Instrumente", also bereits in der formalen Bewegung der Kopfsätze auffinden können. Doch Beethoven entfaltete die dramatische Idee noch auf einer höheren formalen Ebene, der Beziehung der Sätze zueinander, namentlich des Kopfsatzes und des Finales. Er exponierte – wie es Anthony Newcomb treffend genannt hat – den *„plot archetype"* der Symphonik des 19. Jahrhunderts, jenen ganz aus den Ideen der Französischen Revolution erwachsenen Topos des Aufbruchs, zu einem neuen Zustand, die Lösung eines Ideenkonflikts zu einem befreienden Ende, verkürzt gesagt: ‚Aus Nacht zu Licht'. Bereits in der 3. Symphonie, deutlicher noch in der 5. und 9., hat er diesen finalen Formprozeß, diese radikale Entwicklungsform exemplarisch verwirklicht, „die wie keine andere seiner Innovationen Musikgeschichte machte".[6]

Solchermaßen wird Beethovens Symphonie als musikalisch ästhetische Kundgebung zum Ausdruck der großen Ideen seines Zeitalters und richtet sich mit monumentaler Intensität an die ganze Menschheit: „Seid umschlungen, Millionen! Diesen Kuß der ganzen Welt!" Ihren Charakter als Botschaft hat Theodor W. Adorno auf den Punkt gebracht: „Die Beethovenschen Symphonien waren, objektiv, Volksreden an die Menschheit, die, indem sie ihr das Gesetz ihres Lebens vorführten, sie zum unbewußten Bewußtsein jener Einheit bringen wollten, die ihnen sonst in ihrer diffusen Existenz verborgen ist."[7]

2. Brahms und die Neudeutschen:
Geschichtsphilosophische Differenzen

Man könnte versucht sein, die in der Tat tiefgreifende Differenz zwischen Brahms und den Neudeutschen, namentlich Liszt und Wagner, an biographischen Details, an den eher sporadischen Äußerungen übereinander in Briefen oder an den noch selteneren öffentlichen Verlautbarungen über die jeweilige Gegenrichtung festmachen zu wollen; doch wird man aus ihnen kaum erfahren, welche denn nun die sachlichen Gründe für die Spaltung in ‚Wagnerianer' und ‚Brahminen' waren, deren Zwist die musikalische Diskussion des späten 19. Jahrhunderts beherrschte. Das sollte anhand der zwei wohl wichtigsten einschlägigen Veröffentlichungen gezeigt werden.

Die erste ist jenes unglückselige Manifest von 1860, mit dem sich Brahms zusammen mit seinen Freunden, dem berühmten Geiger Joseph Joachim, dem Chordirigenten Julius Otto Grimm und dem Dirigenten Bernhard Scholz, zum ersten und einzigen Mal öffentlich zu Wort meldete; bevor der Text unter Gleichgesinnten zur Unterschrift kursieren konnte, wurde er durch eine Indiskretion publik und damit jeder Wirkung beraubt. In diesem Manifest richten sich die Verfasser – mit freilich geringem propagandistischem Geschick – gegen die Ausrichtung der Leipziger ‚Neuen Zeitschrift für Musik', zu dieser Zeit unter Leitung von Franz Brendel ein Sprachrohr der Neudeutschen: „Die genannte Zeitschrift verbreitet fortwährend die Meinung, es stimmten im Grunde die ernster strebenden Musiker mit der von ihr vertretenen Richtung überein, erkennten in den Kompositionen der Führer eben dieser Richtung Werke von künstlerischem Wert, und es wäre überhaupt, namentlich in Norddeutschland, der Streit für und wider die sogenannte Zukunftsmusik, und zwar zu Gunsten derselben, ausgefochten. Gegen eine solche Entstellung der Tatsachen zu protestieren halten die Unterzeichneten für ihre Pflicht [...].“

Das zweite Dokument ist Wagners Aufsatz ‚Über das Dichten und Komponieren', den er 1879 in den ‚Bayreuther Blättern' veröffentlichte; unverhohlen verärgert, weil Brahms im Doktordiplom der Breslauer Universität – in dieser Ausschließlichkeit gewiß mit zweifelhaftem Recht – als *Artis musicae severioris in Germania nunc princeps* bezeichnet worden war, wirft er Brahms in gehässigen Worten seine Neigung zum Aufgreifen geprägter Modelle vor und zeiht ihn der Einfallslosigkeit und der ästhetischen Inkonsistenz. „Komponirt,

komponirt, wenn euch eben auch gar nichts einfällt! Wozu heißt es ‚komponieren' – zusammenstellen – wenn auch noch Erfindung dazu nöthig sein sollte? Aber je langweiliger ihr seid, desto abstechender wählt die Maske: das amüsirt wieder! Ich kenne berühmte Komponisten, die ihr bei Konzert-Maskeraden heute in der Larve des Bänkelsängers (‚an allen meinen Leiden'!) [gemeint sind Brahms ‚Liebesliederwalzer', Op. 52 und 65], morgen mit der Halleluja-Perrücke Händel's [‚Triumphlied', Op. 55], ein anderes Mal als jüdischen Czardas-Aufspieler [‚Ungarische Tänze'], und dann wieder als grundgediegenen Symphonisten in eine Numero Zehn [Hans von Bülows Angliederung der 1. Symphonie, Op. 68, an die Reihung der Beethoven-Symphonien] verkleidet antreffen könnt. Ihr lacht: – das habt ihr leicht, ihr witzigen Zuschauer! Aber Jene selbst sind dabei so ernst, so streng, daß einer von ihnen ganz besonders zum ersten Musik-Prinzen unserer Zeit diplomirt werden mußte, damit euch das Lachen verwiesen wäre." Und Wagner hätte noch weiteres anfügen können, so die deutliche Anlehnung von Brahms' deutschen Motetten an J. S. Bach, die der lateinischen an Palestrina. Dies alles wirkt auf den ersten Blick wie bloßes Parteiengezänk, in dem eine Partei der jeweils anderen ihren Erfolg mißgönnt. Immerhin geben die Worte „Zukunftsmusik" im ersten Dokument und der Vorwurf der Imitation auch älterer Muster im zweiten einen Hinweis auf den Kern des Disputs: Er besteht aus einem grundlegenden Unterschied der geschichtsphilosophischen Position, die sich unmittelbar in den Kompositionen niedergeschlagen hat und zuallererst in ihnen dingfest gemacht werden kann.

Brahms' Position läßt sich bei einer ersten Annäherung mit Blick auf den beträchtlichen Einfluß erläutern, den die Musik der Vergangenheit gattungsübergreifend auf sein kompositorisches Schaffen genommen hat. Seine breitgefächerte Beschäftigung mit alter Musik – als Interpret, als Bearbeiter, als Editor und so weiter – verdankt sich mithin in erster Linie der Absicht, Lösungsmöglichkeiten für die aktuellen kompositorischen Probleme zu finden. Ihm ging es nicht oder nicht nur um die historischen Produkte an sich als vielmehr darum, aus den

Kompositionen der näheren und ferneren Vergangenheit das Repertoire musikalischer Mittel für sein eigenes Komponieren zu erweitern.

Es wäre kurzschlüssig anzunehmen, Brahms habe sich – blind gegenüber dem historischen Stand des musikalischen Materials – gleichsam außerhalb der Geschichte gestellt. Der Gang der Geschichte war nicht zu übersehen und konnte von ihm nicht geleugnet werden. Der geschichtliche Ablauf war jedoch für Brahms nicht die entscheidende Instanz mit Blick auf seine Ästhetik, sondern stellte sich ihm eher als verhängnisvoll dar, insofern er es vermochte, überzeitliche Werte der Musik, an die er glaubte, verblassen oder gar vergessen zu machen. Brahms dachte nicht geschichtsphilosophisch, sondern ästhetisch normativ; Ziel seines Komponierens war es nicht, dem Diktat des geschichtlichen Augenblicks zu gehorchen, sondern die unverlierbaren Werte der Musik durch ein Œuvre hohen kompositionstechnischen und ästhetischen Anspruchs fortzuschreiben und zu bewahren: Er wollte, wie sein Schüler Gustav Jenner überliefert hat, „dauernde Musik" schreiben.

Damit stellte sich Brahms in schroffen Gegensatz zu den in seiner Zeit allgemein herrschenden Strömungen, die in der – allerdings zwiespältigen – Nachfolge Hegels den Fortschritt an ihre Fahnen geheftet hatten. Wagner und Liszt fühlten sich als Vollstrecker einer geschichtlichen Aufgabe und zogen aus der Übereinstimmung mit dem unaufhaltsamen Gang der Geschichte, daraus, daß sie „die Forderungen der Zeit klar zu erkennen" glaubten, die Legitimation für ihr kompositorisches Handeln.

Für jedermann erkennbar wird die Differenz des Geschichtsbildes anhand der Gattungen, die für Wagner und Liszt einerseits, für Brahms andererseits zentral beziehungsweise überhaupt noch akzeptabel waren. Erstere waren von der Notwendigkeit überzeugt, auch in dieser Hinsicht innovativ zu sein, und schufen mit dem Musikdrama und der Symphonischen Dichtung neue Gattungen. Brahms dagegen hielt – hier durch und durch konservativ – an den überlieferten Gattungen fest. Zentral war für ihn – neben dem Lied – die Kammermusik, die sich introvertiert und gleichsam systematisch allein auf das musikalische Material konzentriert; ihren Widerpart bildeten mit dem Musikdrama und der Symphonischen Dichtung zwei betont extrovertierte Gattungen, durch die gemäß der Überzeugung, aus historischen Gründen sei Handeln notwendig, die absolute Musik ‚aufgehoben‘ werden sollte. Den Neudeutschen galt die Kammermusik als Inbegriff des Überholten, als „ein Reservat von Konservativen, die sich ans Überlieferte klammerten, weil das Neue sie verwirrte" (Carl Dahlhaus).

Konkret als musikalische Äußerungen schlagen sich die divergierenden geschichtsphilosophischen Haltungen in den – theoretisch formulierten und praktisch realisierten – Auffassungen von der musikalischen Form nieder, und dies namentlich in bezug auf die Symphonie Beethovens, die für das Musikdrama, für Liszts Symphonische Dichtung und für Brahms' Symphonien gleichermaßen den historischen Ausgangspunkt darstellt. Doch die Konsequenzen, die Brahms einerseits, Wagner und Liszt andererseits aus der Verpflichtung auf das gemeinsame Vorbild zogen, sind extrem unterschiedlich. Brahms setzte sich gleichsam mit Beethoven an einen Tisch, um mit ihm in vollem Einvernehmen und unter den von ihm gesetzten Voraussetzungen das Symphonieproblem zu diskutieren, und fand, wenn auch nach langem Zögern, so doch ohne die Position des Diskussionspartners in Frage stellen zu wollen, ein individuelles Symphoniekonzept, das aber die Werke Beethovens weder entwerten noch überholen wollte. Wagner und Liszt dagegen diagnostizierten die Symphonien Beethovens aus bewußt gewahrtem historischem Abstand, also in dessen Abwesenheit, um aus den dort vorgefundenen Widersprüchen Lösungsmöglichkeiten für ihr eigenes Komponieren und für den als historisch notwendig empfundenen Fortgang der Kompositionsgeschichte abzuleiten – eine Vorstellung, die Brahms eher fernlag. Sie wollten die Beethovensche Symphonie in doppeltem Sinne ‚aufheben‘: bewahren und dennoch überschreiten. Dabei richteten sie ihren Blick, wenn auch nicht allein, so doch vor allem auf die extrovertierte Seite der Beethovenschen Symphonie, nämlich auf deren universellen Anspruch, die Schlagkraft und die emphatische Dynamik der zeitlichen Entfaltung von Musik. So knüpfte Liszt bewußt an die seiner Ansicht nach wesentlichste Errungenschaft des Jahrhunderts auf dem Gebiet der formalen Entfaltung von Musik an, nämlich an die dynamisch entwickelnde Formbewegung, die Beethoven in seinen Sonatensatz-Durchführungen verwirklicht hatte. Nur so gewinne Musik ihre Sprachfähigkeit, ihr Mitspracherecht an den großen Menschheitsgedanken: „Gerade aus den unbegrenzten Veränderungen, die ein Motiv durch Rhythmus, Modulation, Zeitmaß, Begleitung, Instrumentation, Umwandlung usf. erleiden kann, besteht die Sprache, vermittels welcher wir dieses Motiv Gedanken und gleichsam dramatische Handlung aussprechen lassen können."[8] Im Gegenzug gelte es, „den geheiligten Rahmen, der bisher der Symphonie bestimmt war, [zu] zerbrechen und sich von den vorgeschriebenen symphonischen Schranken, von Parallelsätzen und von der thematischen Reperkussion zu befreien"[9] – das bedeutet nichts anderes als die Absage an sämtliche traditionellen formalen Muster, an das musikalisch Allgemeine, auf allen Ebenen. Ziel ist vielmehr eine gänzlich individuelle und – wie Liszt meinte – unauffällige Form.

In der Tat stellt sich auf der höheren Ebene die Frage, ob die Norm der Satzfolge Allegro – Langsamer Satz – Scherzo – Finale sich auf mehr als die Konvention einer nicht näher hinterfragten Zweckmäßigkeit stützen kann, und verschärft, ob und auf welche Weise sie sich im individuellen Werkzusammenhang begründen läßt. Sicher ist, daß bereits Beethoven in den späten Streichquartetten, dann aber auch etwa Mendelssohn, Berlioz und Schumann in Symphonien diesem Problem ihre Aufmerksamkeit geschenkt haben – und noch Brahms und selbst Arnold Schönberg sollten sich ihm stellen. Liszt nun zog die Konsequenz der radikalen Individualisierung, indem er die Einsätzigkeit zur Norm erhob und sich gleichzeitig die grundsätzliche Freiheit nahm, in jedem Einzelfall über die Einbeziehung der Charaktere jener vier Sätze zu entscheiden. Daß die Einsätzigkeit – wie bekannt – zunächst ganz der Tradition der Ouvertüre verpflichtet ist, sollte nicht den Blick dafür verstellen, daß hier auch auf das Problem des symphonischen Komponierens reagiert wurde, auf das Problem nämlich, wie die Symphonie als individuelles und geschlossenes Kunstwerk vor dem Auseinanderfallen in vier mehr oder minder unbegründet aufeinanderfolgende Teile zu bewahren sei. Man muß sich vor Augen halten, daß Liszt damit – ungeachtet der Verbindung mit einem Programm – die Entwicklung der Instrumentalmusik, die er als die „Spitze, die freieste und absoluteste Manifestation unserer Kunst", das heißt der Musik, bezeichnet, erheblich vorangetrieben hat. Denn parallel zur Emanzipation der Instrumentalmusik vollzog sich die Verselbständigung des einzelnen Werks gegenüber der Gattung, seine Lösung aus der bloßen Gattungsrepräsentanz und seine Konstitution als individuelles Kunstwerk. Und Liszt radikalisierte in der Symphonischen Dichtung die Individualisierung der einzelnen Komposition so weit, daß der Begriff ‚Gattung' selbst insofern fragwürdig wird, als er intern musikalisch kaum mehr positiv bestimmbar ist.

Bei den formalen Mustern auf Satzebene, zumal bei der Sonatenform, sind für Liszts negative Haltung andere Gründe in Anschlag zu bringen als bei jenen der Satzfolge. Denn hier lagen keine Probleme der individuellen Ausfüllung und – selbst wenn man einen gewissen Schematismus in der nachklassischen Periode nicht verkennen will – auch keine der historischen Verbrauchtheit vor. Liszt indes ließ die herkömmlichen Dispositionsmuster vor allem mit der Intention in den Hintergrund treten, den Inhalt, und zwar sowohl den konkret musikalischen Diskurs als auch das außermusikalische Sujet, um so deutlicher in den Vordergrund rücken zu können. Die Aufmerksamkeit des Hörers sollte nicht im Wechselverhältnis zwischen dem musikalisch Allgemeinen, den formalen Mustern einerseits und dem musikalisch Besonderen, dem Inhalt andererseits, nicht innerhalb dieses intern musikalischen Zusammenhangs verhaftet bleiben, sondern – wie er schreibt – auf die durch „das musikalische Gewebe", auf die „durch seine Konturen und Reihenfolge ausgesprochenen Ideen" gelenkt werden. Das aber bedeutet nichts anderes, als daß das Programm

Ausgangspunkt und zugleich Ziel der Formkonzeption bei Liszt darstellt. Die Bindung an die außer- oder übermusikalischen Ideen gibt die Rechtfertigung für seine formalen Experimente (Wagner hat das Programm „Formmotiv" genannt), und umgekehrt soll die individuelle Form den programmatischen Ideen zu gleichsam sprachlichem Ausdruck verhelfen.

Für Brahms entfiel die Notwendigkeit, die formale Bewegung seiner Musik auf die Verbindung mit einem anderen Bereich – bei Liszt mit der Idee des Programms, bei Wagner mit Sprache und Szene – hin einzurichten und sie solchermaßen *sprachähnlich* zu machen. Er konnte sich vielmehr ganz auf den intern musikalischen Zusammenhang konzentrieren und dies immer im Rahmen der tradierten Formen, die er freilich aus seiner historischen Sicht neu durchdachte und zum Teil beträchtlich differenzierte. Die überkommenen Dispositionsschemata, die Sonatenform und das Rondo, die Strophenform des Liedes oder die Liedform im lyrischen Klavierstück, bedeuteten ihm ein zu bewahrendes Allgemeines, einen Rückhalt, der die Einheit der Komposition zumindest an der Außenseite garantierte. Brahms hielt sich mithin zeitlebens unbeirrt an die Maxime aus Johann Peter Eckermanns ‚Beiträgen zur Poesie', die er bereits in jungen Jahren in seine selbstangelegte poetisch-philosophische Anthologie ‚Schatzkästlein des jungen Kreisler' eingetragen hatte: „Die Form ist etwas durch tausendjährige Bestrebungen der vorzüglichsten Meister Gebildetes, das sich jeder Nachkommende nicht schnell genug zu eigen machen kann. – Ein höchst törichter Wahn übelverstandener Originalität würde es sein, wenn da jeder wieder auf eigenem Wege herumsuchen und herumtappen wollte, um das zu finden, was schon in großer Vollkommenheit vorhanden ist."

3. Die Stellung der Symphonie im Œuvre von Brahms: Der Weg zu einem großen Ziel

Bereits in seinem Aufsatz ‚Neue Bahnen', den Robert Schumann am 28. Oktober 1853 in der Leipziger ‚Neuen Zeitschrift für Musik' veröffentlichte und in dem er den zwanzigjährigen Brahms – eine in der Musikgeschichte wohl einmalige öffentliche Einführung eines jungen Komponisten – als „Berufenen" vorstellte, als einen, „der den höchsten Ausdruck der Zeit in idealer Weise auszusprechen berufen wäre, einer, der uns die Meisterschaft nicht in stufenweiser Entfaltung brächte, sondern, wie Minerva, gleich vollkommen gepanzert aus dem Haupte des Kronion spränge" –, bereits in diesem Aufsatz hatte Schumann der Komposition großer Dimension seine Aufmerksamkeit zugewandt. Zum einen bescheinigte er Brahms das Potential zur Bewältigung dieser Aufgabe: „Am Clavier sitzend, fing er an wunderbare Regionen zu enthüllen. Wir wurden in immer zauberischere Kreise hineingezogen. Dazu kam ein ganz geniales Spiel, das aus dem Clavier ein Orchester von wehklagenden und lautjubelnden Stimmen machte. Es waren Sonaten, mehr verschleierte Symphonien [...]." Und in der Tat sind in den frühen Klaviersonaten von Brahms, auch derjenigen in fis-Moll, Op. 2, die Schumann damals mit Sicherheit kannte, deutliche Züge zur großdimensionierten Klang- und Formentfaltung erkennbar, so der oft apostrophierte vollgriffige Brahmssche Akkordsatz und der zuweilen unüberhörbare orchestrale Gestus, von dem namentlich die Ecksätze der Sonaten geprägt sind.

Doch Schumann mahnte auch – mit großem Optimismus – die konkrete Einlösung des hohen Anspruchs an: „Wenn er seinen Zauberstab dahin senken wird, wo ihm die Mächte der Massen, im Chor und Orchester, ihre Kräfte leihen, so stehen uns noch wunderbarere Blicke in die Geheimnisse der Geisterwelt bevor. Möchte ihn der höchste Genius dazu stärken, wozu die Voraussicht da ist [...]."

Noch zwei Jahre später, bereits in der Nervenheilanstalt in Endenich, wiederholte Schumann mehrfach diesen Wunsch an Brahms. In seinem Brief vom 6. Januar 1855[10] an seine Frau Clara und weiter in dem vom 10. März 1855[11] an Joseph Joachim schreibt er:

„Eine Symphonie oder Oper, die enthusiastische Wirkung und großes Aufsehen macht, bringt am schnellsten und auch alle anderen Komposition[en] vorwärts. Er muß."

„Wenn er nur [...] jetzt in die Massen träte, in Chor und Orchester. Das wäre herrlich."

Mit diesen Sätzen unterstreicht Schumann, wie dringlich die schon in ‚Neue Bahnen' dem jungen Kollegen gegenüber erhobene Forderung gemeint war, sich der großen musikalischen Dimension zuzuwenden. Daraus kann aber auch auf den Druck geschlossen werden, der auf Brahms lastete; nicht nur sein eigenes Bestreben und die Norm der Zeit drängten ihn zur Symphonie, sondern auch im näheren Freundeskreis mußte er immer wieder aufs neue die – sicher nicht willkommene – gespannte Erwartung spüren, wann endlich ihm ein solches Werk gelingen würde. Demgegenüber stand seine unerbittliche Selbstkritik, die ihn deutlich fühlen ließ, daß er der zu seiner Zeit repräsentativsten Gattung der Instrumentalmusik noch nicht gewachsen war. Und diese Selbstkritik veranlaßte ihn, die Symphonie-Versuche, die er bis in die sechziger Jahre unternommen hatte, entweder in Werke einer anderen oder ähnlichen, aber im Anspruch reduzierten Gattung einmünden oder aber liegen zu lassen. Wir wissen mit Sicherheit von drei solchen Versuchen.

Der erste Plan betrifft eine Sonate in d-Moll für zwei Klaviere, aus der Julius Otto Grimm bereits im März 1854 drei Sätze kannte. Am 19. Juni desselben Jahres äußert Brahms in einem Brief an Joseph Joachim seine Unzufriedenheit mit der Besetzung: „Meine d moll-Sonate möchte ich gern lange liegen lassen können. Ich habe die drei ersten Sätze oft mit Frau Schumann gespielt. (Verbessert.) Eigentlich genügen mir nicht einmal zwei Klaviere."[12] Tatsächlich schickte er bereits am 27. Juli den ersten Satz in Partitur an Joachim – dieser spricht in seiner Antwort von „1tem Sinfoniesatz"; daß es sich dabei um den I. Satz des späteren Klavierkonzerts Op. 15 handelt, geht aus Brahms' Bemerkungen zum Anfang (s. Takt 1–10 von Op. 15) unzweifelhaft hervor: „Noch will ich Dir schreiben, daß ich zu Anfang hauptsächlich nur das tiefe D hören lassen wollte und deshalb das f-b in Klarinette und Fagott so schwach habe. Ich habe mich eigentlich darüber immer gefreut, daß alles so gedrängt und kurz ist, weiß jedoch nicht, ob es, besonders für Orchester recht ist? Beim Schluß kommt es mir bisweilen vor, als sei es grade aus, bisweilen, als sollte jetzt erst die Koda anfangen! Ermunterst Du mich zu den andern Sätzen? ich komme mir dummdreist vor."[13] Joachim indes reagiert am 5. September eher mit Zurückhaltung, und Brahms gesteht am 12. September ganz offen seine Selbstzweifel: „in der Komposition fehlt sogar sehr viel, von der Instrumentation verstehe ich nicht einmal so viel, als im Satz zu sehen ist, das Beste verdanke ich Grimm."[14] Diese Skrupel überwogen mehr und mehr und veranlaßten Brahms, auf den hohen Anspruch der Symphonie zu verzichten. In seinem Brief vom 7. Februar 1855 an Clara Schumann deutet er in der typisch mystifizierenden Art vieler seiner Briefe an, welche Richtung seine Planungen nun nehmen sollten: „Denken Sie, was ich die Nacht träumte: Ich hätte meine verunglückte Sinfonie zu einem Klavierkonzert benutzt und spielte dieses. Vom ersten Satz und Scherzo und ein Finale, furchtbar schwer und groß. Ich war ganz begeistert."[15] Allerdings vergingen noch beinahe zwei Jahre, bis das Klavierkonzert in einer vorläufigen Form fertiggestellt war. Und es enthielt auch nicht das Scherzo, wie in jenem Brief erwähnt, sondern einen langsamen Mittelsatz. Das Scherzo soll, so berichtet Albert Dietrich, später als Grundlage für den Trauermarsch, das heißt den II. Satz in ‚Ein deutsches Requiem‘, Op. 45, gedient haben.

Schon bei diesem ersten Symphonieplan zeigt sich, daß Brahms nicht streng zwischen den Gattungen unterschied, sondern durchaus den Übergang von der einen zur anderen – in diesem Fall freilich dicht nebeneinanderliegenden – für möglich erachtete. Offenkundig war die Sonate für zwei Klaviere so groß dimensioniert, daß eine Umarbeitung in eine Symphonie denkbar erschien, wenngleich es sich dann tatsächlich nur um eine instrumentierte Klaviersonate gehandelt hätte (s. oben S. 18). Überdies ist daran zu erinnern, welche Rolle die damalige Musikpraxis der Besetzung für zwei Klaviere oder für Klavier vierhändig zuwies: Angesichts der – mit heute verglichen – erheblich geringeren Zahl von Symphoniekonzerten (und in Ermangelung technischer Reproduktionen) stellte sie das gängige und quantitativ bedeutendste Medium dar, in dem durch Arrangements die Substanz größerer Werke wie namentlich von Symphonien wenigstens partiell verbreitet werden konnte. Der zwangsläufig damit verbundene ästhetische Verlust – denn in einer Symphonie gehört der orchestrale Klang zur Substanz – wurde entweder nicht bemerkt oder aber stillschweigend in Kauf genommen. Es ist genau dieser Punkt: die ihm damals noch nicht zu Gebote stehende Beherrschung des orchestralen Klanggefüges als wesentliches Teilmoment einer Symphonie, die Brahms daran hinderte, die Sonate für zwei Klaviere in eine Symphonie umzuarbeiten und damit den Weg Symphonie – Klavierarrangement in umgekehrter Richtung zu beschreiten: „von der Instrumentation verstehe ich nicht einmal so viel, als im Satz zu sehen ist, das Beste verdanke ich Grimm." Und so entschloß er sich, das ganze Projekt in ein Klavierkonzert einmünden zu lassen, eine Gattung niedrigeren Anspruchs als die Symphonie und gleichzeitig eine, in der er wenigstens mit einem der beiden konstitutiven Klangsträngen, dem des Klaviers, vollkommen vertraut war. Aber selbst dieser Ausweg wurde vom Publikum nicht honoriert. Die erste Präsentation des Klavierkonzerts Op. 15 in einer größeren Öffentlichkeit, die am 27. Januar 1859 in Leipzig stattfand, wurde zu einem solchen Mißerfolg, daß Brahms sie als den wohl schwersten Rückschlag in seiner Laufbahn empfinden mußte, persönliche Konsequenzen zog (er löste seine Verlobung mit Agathe von Siebold), vor allem aber: das Problem einer großen Orchesterkomposition fortan in verschärfter Form auf sich lasten sah.

Der zweite Symphonieplan, der belegt ist, führte letztlich zur Serenade Op. 11, also wie bereits der erste zu einem Werk reduzierten Anspruchs. Ursprünglich war die Komposition als – nicht überlieferte – Fassung für kleines Orchester oder Oktett-Besetzung konzipiert, eine Besetzung, die im 19. Jahrhundert weniger als Kammermusik denn als auf Solisten verschlankte Orchestermusik galt. Am 8. Dezember 1858 bat Brahms Joachim, ihm ein „Buch Notenpapier" zu schicken: „Das Papier brauche ich, um nun doch schließlich die 1te Serenade in eine

Sinfonie zu verwandeln. Ich sehe es ein, daß das Werk so eine Zwittergestalt, nichts Rechtes ist."[16] Daß damit freilich noch keine befriedigende Lösung des Symphonieproblems gefunden worden war, an der Brahms so viel lag, offenbart der folgende Abschnitt desselben Briefs: „Ich hatte so schöne, große Ideen von meiner ersten Sinfonie, und nun! –." Tatsächlich begnügte er sich mit der Umarbeitung der Komposition für großes Orchester, behielt den urspünglichen Titel ,Serenade' jedoch bei. Denn, so erläuterte er dem Geiger Carl Bargheer, wenn jemand es unternehme, „nach Beethoven Symphonien zu schreiben, so müssen sie ganz anders aussehen".[17]

Einer positiven Lösung des Problems aber war Brahms zu dieser Zeit noch nicht andeutungsweise nahe, oder, wie Giselher Schubert treffend formuliert hat, er „wußte offenbar um 1858 nur, wie eine Sinfonie nach Beethoven nicht auszusehen hätte".[18] Denn es ging dabei ja nicht nur um das Niveau der Orchestrierung oder der Formbeherrschung, sondern vor allem darum, bei aller direkten Beziehung auf Beethoven eine individuelle Konzeption der Symphonie zu finden, die dem historischen Wandel von musikalischem Materialstand und ästhetischer Haltung Rechnung zu tragen vermochte.

Diesem Ziel scheint Brahms mit dem dritten Symphonieplan, einer Frühfassung des I. Satzes des späteren Op. 68, ein gutes Stück nähergekommen zu sein. Immerhin hatte er nun die Geduld, den Satz hinsichtlich der gattungsmäßigen Zuordnung unangetastet liegenzulassen und die gedankliche Reifung des Gesamt-Zyklus abzuwarten. Am 1. Juni 1862 schreibt Clara Schumann an Joachim:[19] „Johannes schickte mir neulich – denken Sie welche Ueberraschung – einen 1. Symphoniesatz [...]. Der Satz ist voll wunderbarer Schönheiten, mit einer Meisterschaft die Motive behandelt, wie sie Ihm ja so mehr und mehr eigen wird. Alles ist so interessant in einander verwoben, dabei so schwungvoll wie ein erster Erguß; man genießt so recht in vollen Zügen, ohne an die Arbeit erinnert zu werden. Der Uebergang aus dem zweiten Theil wieder in den Ersten ist Ihm wieder 'mal herrlich gelungen." Joachim erwog sogar schon Aufführungen der Symphonie, Brahms indes scheint zu diesem Zeitpunkt nicht über den I. Satz hinausgekommen zu sein und reagierte auf Joachims diesbezügliche Anfrage vom 19. September 1862: „hinter ‚Sinfonie von J. B.‘ magst Du noch einstweilen ein ? setzen."[20] Auch anderen Freunden, die den so lange gehegten Wunsch schon in Erfüllung gehen sahen, mußte er die knappe Antwort geben: „Die C-moll-Sinfonie ist nicht fertig." Und sie mußten sich noch weitere vierzehn Jahre gedulden, bis Brahms mit der Vollendung von Op. 68 die ihm eigentümliche Konzeption der Symphonie gefunden hatte.

Es scheint so – die chronologische Abfolge der Werke beziehungsweise der Werkkonzeptionen legt diese Vermutung nahe –, als habe Brahms im Jahre 1862 in bezug auf die Schumannsche Forderung nach Verwirklichung der großer Dimension mit vollem Bewußtsein einen Paradigmenwechsel vollzogen. Vielleicht hat er seine bisherigen Orchesterkompositionen – das 1. Klavierkonzert, Op. 15, von 1856/1857, die Serenade, Op. 11, von 1857–1859, und die Serenade, Op. 16, von 1858/1859 – Revue passieren lassen, kam zu keinem ihn befriedigenden Ergebnis und – da er jetzt auch mit der c-Moll-Symphonie nicht weiter wußte – erinnerte sich womöglich an Schumanns Formulierung in ‚Neue Bahnen‘: „die Mächte der Massen, im Chor und Orchester". Sicher ist, daß er bis 1873 keine reine Orchesterkomposition vollendet hat, sondern in diesen gut zehn Jahren seine Konzentration voll auf große Chorwerke mit Orchester, auf die Gattung der ‚Weltlichen Kantate‘, richtete, ein Genre, dem er zuvor keine Aufmerksamkeit geschenkt hatte. Die Annahme liegt also nahe, daß er den direkten Weg zur großen Instrumentalmusik erst einmal verlassen wollte, um dem nach wie vor angestrebten Ziel der Symphonie auf einem Umweg näherzukommen. In der Chorkomposition kleinerer Besetzung (a cappella, mit Klavier- oder kleiner Instrumentalbegleitung) hatte er reiche Erfahrung gesammelt, die ihm – eingedenk jener Formulierung Schumanns – die Chance eröffnete, zur großen Dimension vorzudringen. Anders gesagt: Ohne sich mit Werken reiner Orchesterkomposition exponieren zu müssen, wandte er sich der Chorkomposition mit Orchesterbegleitung zu, bei der die mittlerweile erlangte Sicherheit in der Ausarbeitung des Vokalsatzes Gelegenheit dazu bot, sich ohne Bedenken mit Blick auf das Gelingen der Werke auf die Perfektionierung der Instrumentationskunst konzentrieren zu können. Und es ist sicher nicht übertrieben, wenn man behauptet, daß die Erfahrungen, die Brahms in den orchesterbegleiteten Chorkompositionen der sechziger und frühen siebziger Jahre gesammelt hat, die entscheidende Grundlage für die Bewältigung der Orchesterkomposition darstellen. Im Jahre 1863, also ein Jahr nach jenem Paradigmenwechsel, lag ‚Rinaldo', Op. 50, in großen Teilen fertig vor (es fehlte noch der Schlußchor); dann folgte ‚Ein deutsches Requiem', Op. 45, dessen Konzeption wahrscheinlich bis 1862 zurückreicht und das Brahms bei seiner allerdings noch unvollständigen Aufführung – der V. Satz war noch nicht komponiert – am Karfreitag, dem 10. April 1868, im Bremer Dom den großen Durchbruch als Komponist verschaffte. 1869 entstand die ‚Alt-Rhapsodie', Op. 53, 1870/1871 das ‚Triumphlied', Op. 55, 1871 das ‚Schicksalslied', Op. 54. Erst zehn Jahre später sollte Brahms mit ‚Nänie', Op. 82, von 1881, und mit dem ‚Gesang der Parzen', Op. 89, von 1882, zu dem großen Genre der ‚Weltlichen Kantate' zurückkehren, das ihm auf dem Weg zu seiner Vervollkommnung als Komponist und in der öffentlichen Rezeption so viel gebracht hatte.

Inzwischen nämlich war Entscheidendes geschehen: Brahms war wieder auf den direkten Weg zur Symphonie eingebogen. Mit der Vollendung der ‚Haydn-Variationen', Op. 56a, im Jahre 1873 hatte er eindrucksvoll bewiesen, welche Souveränität er – dank der Erfahrung mit den orchesterbegleiteten Chorwerken – in der Orchesterbehandlung erlangt hatte: Der Bann, der bislang auf seinem großen Ziel als Komponist gelegen hatte, war gebrochen (daß Brahms die ‚Haydn-Variationen' in einer gleichgewichtigen Fassung für zwei Klaviere, Op. 56b, veröffentlichte, zeigt erneut seine Bereitschaft, Gattungsgrenzen für überwindbar zu halten). Nur drei Jahre später wurde die 1. Symphonie, Op. 68, fertiggestellt, und ihr folgten mit großer Regelmäßigkeit die weiteren Werke großer instrumentaler Dimension: 1877 die 2. Symphonie, Op. 73, die auch inhaltlich mit Op. 68 ein Paar bildet; 1878 das Violinkonzert, Op. 77; 1880 die beiden Ouvertüren Op. 80 und 81; 1881 das 2. Klavierkonzert, Op. 83; 1883 die 3. Symphonie, Op. 90; 1885 die 4. Symphonie, Op. 98; und schließlich 1887 das Doppelkonzert, Op. 102.

1873, ein für Brahms als Komponisten wahrhaft bedeutsames Jahr, war aber auch dasjenige, in dem ihm mit Op. 51, Nr. 1 und 2, in der neben der Symphonie zweiten Gattung allerhöchsten ästhetischen Anspruchs, dem Streichquartett als Gipfel der Kammermusik, der Durchbruch gelang. Und dieses Faktum ist für die spezifisch Brahmssche Konzeption der Symphonie von wesentlicher Bedeutung. Hatte er bei den großen Chorwerken gleichsam die Instrumentation gründlich erlernt, so wurde die Kammermusik, und namentlich die originär vierstimmige des Quartetts, zur Grundlage hinsichtlich der Form, des Tonsatzes, der motivisch-thematischen Arbeit, ja selbst – und darauf wird zurückzukommen sein – hinsichtlich der individuellen ästhetischen Konzeption der Symphonie bei Brahms. Dies hat, mit Rücksicht auf die zentrale Stellung der Kammermusik im Œuvre von Brahms und mit Blickrichtung auf die Symphonie Beethovens, niemand besser formuliert als Carl Dahlhaus:[21] „Die Behauptung, daß Brahms sogar in symphonischen Werken eigentlich Kammermusik geschrieben habe, ist zwar eine Übertreibung, aber eine durchaus verständliche; denn eine nach innen gekehrte Musik, die eher zur Zurücknahme neigt, als daß sie zur Emphase drängt, ist kaum vereinbar mit den Prinzipien einer Gattung, die nach Paul Bekker ihrer Idee erst gerecht wird, wenn sie sich an ein Massenpublikum, eigentlich an die Menschheit insgesamt wendet."

II. Die Auseinandersetzung mit Beethoven

1. Symphonie c-Moll, Opus 68

- Entstehung: Kompositionsbeginn – soweit Dokumente belegen – etwa 1862, nach mehreren Unterbrechungen im Sommer 1876 in Lichtenthal bei Baden-Baden vollendet.

- Uraufführung: 4. November 1876 in Karlsruhe unter Leitung von Otto Dessoff.

- Arrangement für Klavier zu vier Händen vom Komponisten.

- Erstausgabe: Oktober 1877 (Partitur, Stimmen und Arrangement) im Verlag N. Simrock, Berlin.

- Besetzung: 2 Flöten, 2 Oboen, 2 Klarinetten, 2 Fagotte, Kontrafagott; 4 Hörner, 2 Trompeten, 3 Posaunen (nur IV. Satz); Pauken; Solo-Violine (nur II. Satz), Violine I, Violine II, Bratsche, Violoncello, Kontrabaß.

- I. Satz: c-Moll. Un poco sostenuto, 6/8 (9/8) – Allegro (Takt 38) 6/8 – Meno allegro (Takt 495). 511 notierte Takte, 662 klingende Takte (Wiederholung von Takt 40–190, das heißt der Exposition der Sonatenform).

- II. Satz: E-Dur. Andante sostenuto, 3/4. 128 Takte.

- III. Satz: As-Dur – H-Dur (Takt 71) – As-Dur (Takt 109). Un poco Allegretto e grazioso, 2/4 – 6/8 (Takt 71) – 2/4 (Takt 109). 164 notierte Takte, 186 klingende Takte (Wiederholung von Takt 87–108).

- IV. Satz: c-Moll – C-Dur (Takt 30). Adagio, C – Più Andante (Takt 30) – Allegro non troppo ma con brio (Takt 62) – Più Allegro, ¢ (Takt 391). 457 Takte.

Mit seinem Erstling in der Symphoniekomposition dokumentiert Brahms von allem Anfang an mit Nachdruck, daß er die Tradition der Symphonie in Beethovenschem Zuschnitt fortführen wollte. Das geht zuerst aus scheinbaren Äußerlichkeiten hervor: der Dimension, der Orchesterbesetzung und der – freilich ganz und gar normalen – Viersätzigkeit. In all diesen Punkten hat sich sein Konzept auch in den folgenden drei Symphonien nicht verändert. Anders als dann etwa Anton Bruckner hält er wie Beethoven an der Werkdauer von 30 bis 40 Minuten fest (Beethovens 9. ist eine Ausnahme). Und wiederum im Unterschied zu Bruckner gleicht die Normalbesetzung des Orchesters derjenigen bei Beethoven; es umfaßt zweifaches Holz (Flöten, Oboen, Klarinetten, Fagotte), vier Hörner, zwei Trompeten, Pauken und Streichquartett. Nur die Zahl der Hörner wurde also – im Verhältnis zu Beethovens Normalbesetzung – verdoppelt, dies einerseits, damit Brahms der größeren harmonischen Komplexität gerecht werden konnte (vgl. unten die Bemerkungen zur Chromatik), andererseits aber wohl auch, weil er stets zur klanglichen Fülle der Mittellage tendiert hat.

Dem Inhalt der Symphonie gemäß wurde schon die Tonart beziehungsweise die tonale Anlage der vier Sätze gewählt. Auch hier sind deutliche Anknüpfungspunkte an Beethoven erkennbar, deren Bedeutung allerdings zum Nachdenken Anlaß geben. Wer an der Triftigkeit von spezifischen Tonartencharakteren zweifelt, könnte die Auffassung vertreten, daß die Übereinstimmung von c-Moll als Grundtonart in Brahms' 1. und Beethovens 5. Symphonie eine bloße Assonanz ohne größeres inhaltliches Gewicht sei. Doch muß man sich vor Augen halten, daß – wie Brahms sehr wohl wußte – ein Hörer des späten 19. Jahrhunderts bei einer Symphonie in dieser Tonart wie selbstverständlich an Beethovens ‚Schicksalssymphonie' dachte, und das zumal dann, wenn diese Symphonie wie Brahms' Op. 68 über dem dräuenden Paukenostinato so schicksalhaft anhebt.

Gleichermaßen von Interesse ist die tonale Relation zwischen den vier Sätzen, die zunächst unabhängig von der jeweiligen thematischen Füllung auf der harmonischen Ebene den Zusammenhalt der viergliedrigen Reihung gewährleistet. Man schenkt diesem Aspekt infolge der Überbewertung motivischthematischer Bezüge üblicherweise nur geringe Beachtung und richtet den Blick allenfalls auf die harmonische Disposition innerhalb der Sätze. Im vorliegenden Fall jedoch hat die Ungewöhnlichkeit namentlich der Kombination von c-Moll im I. mit dem weit entfernten E-Dur im II. Satz die Aufmerksamkeit geweckt, und man ist sogleich – und dies zu Recht – auf die Übereinstimmung mit Beethovens 3. Klavierkonzert, Op. 37, gestoßen, dessen Mittelsatz dem c-Moll der Außensätze das E-Dur gegenüberstellt. Zu ergänzen ist, daß auch das As-Dur des III. Satzes ein Vorbild bei Beethoven hat, nämlich im Tripelkonzert C-Dur, Op. 56, wo diese Tonart die gleiche Funktion hat wie das E-Dur in Op. 37. Allerdings hat man sich zumeist damit zufriedengegeben und die bloße Existenz einer Musterkomposition als Rechtfertigung einer wie auch immer exzeptionellen Disposition akzeptiert. Dem allerdings ist entgegenzuhalten, daß die Reihung der vier Sätze – wie bereits oben ausgeführt – ein zunehmend spürbares Problem für die Formgestaltung des geschlossenen Kunstwerks im 19. Jahrhundert darstellt; es ist also kaum vorstellbar, daß die Komponisten der harmonischen Disposition als einer noch immer tragfähigen Ebene formalen Zusammenhangs bei der Anlage des Werkganzen nicht besondere Aufmerksamkeit geschenkt hätten. Die tonale Anlage der Sätze mußte vielmehr Sinn haben, einen Sinn, der sich nicht in abstrakten Regeln harmonischer Verwandtschaftsgrade erfüllt, sondern zur konkreten Gestaltung des individuellen Werks gehört und zu dessen Geschlossenheit beiträgt. Diesem Postulat ist bereits Beethoven bei den genannten Kompositionen nachgekommen, indem er die Großterzbeziehung zum konstitutiven Moment der Gesamtfaktur werden ließ.

Im Gegensatz zu Beethoven, der in den genannten Konzerten nur drei Sätze zu verbinden hatte, nutzt Brahms die Viersätzigkeit der Symphonie zu einer symmetrischen oder chiastischen Disposition der Großterzbeziehung: Der II. Satz steht eine große Terz über dem I., der III. eine große Terz unter dem IV. Satz:

	E-Dur		
c-Moll			c-Moll/C-Dur
		As-Dur	

Die Sinnfälligkeit dieser Anlage, die gewiß nur abstrakter Natur ist, erhält darin ihre Stütze, daß sie derjenigen der Stufen in einer regulären Kadenz bei Reduktion der Außenglieder um jeweils einen Halbton gleicht:

$$
\begin{array}{ccc}
& \text{IV} & \\
\text{I} & & \text{I} \\
& \text{V} &
\end{array}
$$

Die Bewußtheit, mit der Brahms seiner 1. Symphonie gerade diese Tonartenanlage zugrunde legte, mag daraus zu ersehen sein, daß er die Auswahl der Kontrasttonarten insofern akzentuiert, als er in konstitutiven Teilabschnitten jeweils anderer Sätze die zugehörigen Dominanten gleichsam vor- oder nachliefert. Der Seitensatz in der Sonatenform des Kopfsatzes steht regulär in der parallelen Dur-Tonart Es-Dur, und Es-Dur ist die Dominante von As-Dur im III. Satz; der Mittelteil des III. Satzes entfaltet sich in H-Dur, der Dominante von E-Dur des II. Satzes. Hieran wird bereits erkennbar, daß bei Komponisten wie Brahms – und auch schon Beethoven – die tonale Disposition alle formalen Ebenen gleichermaßen durchwirkte und dergestalt die Konsistenz des Werks durch Bezüge zwischen den unterschiedlichen Ebenen festigte: Die Großanlage erhielt ihre Stütze durch Korrespondenzen auf der Stufe von Formteilen und -abschnitten, ja selbst in einzelnen harmonischen Wendungen.

Jene symmetrische Anlage der Satztonarten hat aber noch einen anderen Sinn, nämlich den, einen Übergang zu schaffen von der Harmonik als dem Bereich von Tonarten und Akkorden zu dem der motivisch-thematischen Gestaltung. Faßt man die Tonika-Akkorde von c-Moll, E-Dur, As-Dur, c-Moll ins Auge, so wird erkennbar, daß bei den gleichbleibenden Tönen eine gestufte Entwicklung von der Grundtonart weg und wieder zu ihr zurück ausgebildet ist: Der Tonika-Akkord von c-Moll teilt *keinen* Ton mit dem von E-Dur; die Tonika-Akkorde von E-Dur und As-Dur sind durch *einen* Ton, nämlich as=gis, verbunden; und As-Dur teilt in seinem Tonika-Akkord *zwei* gleiche Töne mit dem von c-Moll:

Geht man umgekehrt vor und betrachtet die jeweils unterschiedlichen Töne, so wird man erstaunt gewahr, daß es sich beim Übergang von einem zum nächsten Tonika-Akkord jeweils um chromatische, das heißt Halbtonverschiebungen handelt, und dies wiederum in einer systematischen Fortschreitung: Zwischen c-Moll und E-Dur sind *drei* Töne chromatisch verschoben, zwischen E-Dur und As-Dur *zwei* und zwischen As-Dur und c-Moll nur *einer*.

Die chromatische Verschiebung ist also bei der Relation der aufeinanderfolgenden Tonarten von merklichem Gewicht. Dafür kann noch ein weiterer Beleg angeführt werden. Folgt in einem Moll-Stück wie dem vorliegenden I. Satz ein II. in Dur, so ist die naheliegendste Tonart die Dur-Parallele der Grundtonart, in diesem Falle Es-Dur. Das E-Dur des II. Satzes ist also die vollständige halbtönige Verschiebung der eigentlich zu erwartenden Tonart.

Man kann gegen eine solche Hervorhebung der Chromatik einwenden, daß sie zu dieser Zeit ein gängiges Mittel musikalischer Komposition war, das der Diatonik, also der Benutzung leitereigener Stufen einer Tonart, gleichwertig zur Seite stand. Dem ist in seiner Allgemeinheit kaum zu widersprechen. In Brahms' 1. Symphonie indes wird Chromatik thematisch und spielt in dem motivischen Netzwerk des I. Satzes eine entscheidende Rolle.

Für eine Passage, bei der in diesem I. Satz Chromatik unmißverständlich an der musikalischen Oberfläche präsentiert wird (Takt 38ff.), ist ein aufschlußreiches Dokument überliefert, ein Brief, den Clara Schumann am 1. Juni 1862 an Joseph Joachim richtete. Aus ihm geht hervor, wie früh Brahms diesen thematischen Einfall bereits notiert hatte, daß er ursprünglich am Anfang des Satzes stehen sollte und schließlich daß – jedenfalls in der Sicht von Clara Schumann – eine solch exzessive Chromatik dann doch noch eine Besonderheit darstellte. Sie schreibt:[22]

„Johannes schickte mir neulich – denken Sie welche Ueberraschung – einen 1. Symphoniesatz mit folgendem kühnen Anfang:

Das ist nun wohl etwas stark, aber ich habe mich schnell daran gewöhnt."

Der Sonatenform des Kopfsatzes einer Symphonie eine langsame Einleitung voranzustellen, war ein gebräuchliches Verfahren (vgl. etwa Beethovens 7. Symphonie), das vor allem dazu diente, den Hörer auf das Kommende, auf die Hauptsache, einzustimmen. Brahms indes nutzt die Introduktion weit inhaltsreicher. Über die Exposition wichtigen motivischen Materials hinaus, von dem später zu reden sein wird, stellt er in einem ersten Ansatz (den zweiten bietet dann noch ausgedehnter und intensiver die Introduktion des Finales) das Orchester in seiner Qualität als vielfältigen Klangapparat vor und erfüllt damit die Forderung, die Symphonie müsse als eine substantiell von ihrem Klangmedium geprägte Sonate, eben als *Orchester*sonate, gestaltet sein: Dem paukengrundierten Tutti (Takt 1–9) folgt ein Solosatz (Takt 9–21), zu dem sich die Holzbläser mit den Streichern verbinden (zu dem pizzicato vgl. dann vor allem Takt 6–12 beziehungsweise 16–19 des IV. Satzes); und dem Aufschwung zu einem neuerlichen Tutti (Takt 21–29) schließt sich ein weiterer Solosatz an (Takt 29–37), der zumal an seinem Beginn mit den Soli der Oboe und der Flöte über einer sparsamen Bläserbegleitung in kammermusikalische Dimensionen zurückgenommen zu sein scheint.

Die Sonatenform, die – wie jeder Hörer des 19. Jahrhunderts vom Kopfsatz einer Symphonie erwartete – der Einleitung folgt, scheint bei einer ersten flüchtigen Übersicht auch in ihrer gestaltlichen Anlage ganz der Konvention zu entsprechen: Die Exposition setzt sich aus einer Hauptsatzgruppe in der Tonika c-Moll (Takt 38–89), einer Überleitung (Takt 89–121), einem Seitensatz in Es-Dur (Takt 121–157), dessen Thema erst in Takt 130 einsetzt, und einer Schlußgruppe in es-Moll (Takt 157–189) zusammen. Die Reprise ab Takt 339, in welcher der zweite Abschnitt der Hauptsatzgruppe und der Anfang der Überleitung entfallen, versetzt Seitensatz und Schlußgruppe auf die Tonikaebene: Takt 339–368 entsprechen demnach Takt 38–67 untransponiert, Takt 372–461 (Takt 394 Seitensatz, Takt 430 Schlußgruppe) in Unterterztransposition Takt 99–188.

Zwischen der Exposition (die wiederholt werden muß – eine Regel, von der Brahms in den Symphonien erst mit seiner letzten abgewichen ist) und der Reprise steht als Verbindung die Durchführung (Takt 189–339), die exakt die gleiche Ausdehnung hat wie die Exposition; eine Coda (Takt 462–511), die in einen im Tempo zurückgenommenen Epilog mündet, beschließt den Satz.

Doch Brahms füllt das übernommene Formschema ganz individuell und in mehreren Aspekten unkonventionell. Er verschleiert – erstens – die Grenzen zwischen den Formteilen, verwischt – zweitens – die Unterschiede hinsichtlich des ihnen herkömmlich zukommenden charakteristischen Tonsatzzustands und nähert – drittens – die einzelnen thematischen Gestalten durch motivische Beziehungen so aneinander an, daß sie weniger als eigenständige und kontrastierende Gedanken als vielmehr als unterschiedliche Erscheinungsformen des Gleichen wirken.

Die Verschleierung der Grenzen wird besonders beim Übergang zur Coda sichtbar. Ihr Anfang, der sich in Takt 462 mit dem Ende der Parallelführung der Reprise zur Exposition bestimmen läßt, ist durchaus nicht markiert; ganz im Gegenteil wird die Entwicklung, welche die Schlußgruppe in Gang setzt, danach nicht nur fortgeführt, sondern – anders als in der Exposition – zu einem wirklichen Höhepunkt gebracht, der allerdings nach Takt 474 abrupt abbricht.

Sicherlich weniger gewichtig ist die Trennung von tonalem und thematischem Einsatz im Seitensatz: Ist die Tonikaparallele Es-Dur bereits in Takt 121 erreicht, so setzt die thematische Gestalt, die dem Formteil Kontur verleiht, erst neun Takte später ein. Brahms hat schon in frühester Zeit, schon bei den Klaviersonaten, dazu geneigt, den Eintritt des Seitensatzes zu verschleiern; besondere Bedeutung gewinnt das Verfahren der Trennung von thematischer und harmonischer Ebene (vgl. dazu die Ausführungen zum I. Satz der 4. Symphonie) beim Eintritt der Reprise.

Von weiterreichender Bedeutung dagegen ist jene Passage (Takt 38–42), die bereits 1862 feststand und von Clara Schumann für „etwas stark" befunden wurde (vgl. oben). Dies allerdings weniger aufgrund der harmonischen Kühnheit, die von ihr angesprochen wurde, als vielmehr der formalen Konsequenzen wegen, die Brahms im vorliegenden Fall noch zurückhaltend, später aber mit Entschiedenheit aus vergleichbaren Bildungen zieht. Sie eröffnet ihm die Möglichkeit, ein Motto, also einen kurzen musikalischen Gedanken, zu verwenden, der einem ganzen Satz oder dem Hauptthema vorangestellt wird, selbst nicht zur Geschlossenheit einer thematischen Gestalt gelangt und dennoch den Vordergrund des musikalischen Geschehens bestimmt. Paradigmatisch wird davon im I. Satz der 3. Symphonie Gebrauch gemacht. In der 1. dagegen kann von einem Motto nur gesprochen werden, soweit es um die chromatische Linienführung geht, die in der Tat eine eminente Rolle spielt und beispielsweise auch den Einsatz des Seitenthemas vorbereitet (Takt 121–130); Chromatik freilich war bereits in der langsamen Einleitung exponiert worden. Entscheidender ist hier das Changieren der formalen Funktion: Die Eingangstakte der Exposition dienen als isolierter und emphatisch betonter ‚Doppelpunkt', der zwar motivisch prägnant, harmonisch aber zielgerichtet, in sich also instabil ist. An der Grenze zwischen Durchführung und Reprise dagegen (Takt

339–343) sind die Takte als Ende einer gestaltlich gleichartigen Passage (ab Takt 327) unmittelbar eingebunden in einen sich steigernden Verlauf, der auf das Erreichen der Tonika gerichtet ist. Auch dadurch wird die Grenzziehung zwischen den Formteilen verschleiert: Von der musikalischen Bewegung her gehören Takt 339–343 unverkennbar – als deren Ende – zur Durchführung, im Vergleich zur Exposition dagegen zur Reprise.

Der zweite und dritte genannte Aspekt, aus dem heraus Brahms den Sonatensatz individuell gestaltet, gehören unmittelbar zusammen. Denn die Tatsache, daß die einzelnen Formteile hier in ihrem Tonsatzzustand einander angeglichen werden, beruht direkt auf Brahms' Verfahren der alles umgreifenden Variation, die sich direkt auf die gestische Qualität der Musik auswirkt. Ungewöhnlich ist schon die Übernahme von Passagen aus der langsamen Einleitung in die Exposition: Takt 9–13 beziehungsweise 13–16 werden in Takt 52–57 beziehungsweise 57 ff. dazu eingesetzt, das Hauptthema fortzuspinnen, wobei sich entscheidend nur das Tempo ändert. Und innerhalb der Exposition selbst sind die Takte 70–89 – die dann in der Reprise entfallen – eine variierte Umformung des Hauptthemas ab Takt 42.

Bedeutsamer als solche an der Außenseite der Musik erkennbaren Übernahmen indes ist die Grundlegung nahezu des gesamten Tonsatzes auf drei Motive: auf die chromatische Linie, die in der Einleitung mit Nachdruck exponiert wird (a); auf eine ebenfalls bereits in der Einleitung vorgestellte knappe, auch rhythmisch charakterisierte Figur (vgl. dazu das Zentralmotiv in Beethovens 5. Symphonie), in der drei diatonisch geführte kurze Notenwerte in einen längeren münden (b); und schließlich auf der Dreiklangsbrechung, von der die Hauptthemamelodie geprägt ist (c).

Motiv a: Takt 25–29, Violine I

Motiv b:
Takt 2–3 auf Sechzehntelbasis

Takt 4–5 auf Achtelbasis

Motiv c: Takt 42–46, Violine I

Wie eng diese Motive von allem Anfang an verzahnt werden, zeigt bereits der Anfang der Exposition. Der ‚Doppelpunkt' in Takt 38–42 verknüpft die chromatische Linie a mit der rhythmischen Figur b, und die solchermaßen geformte Gestalt grundiert den Anfang des Hauptthemas als Baß:

Takt 42–46 Melodie und Baß

Formbildend werden namentlich die ersten beiden Motive. Die Seitenthemamelodie (Takt 130 ff.) erwächst aus einer Doppelung der chromatischen Linie, für die das Prinzip der latenten Zweistimmigkeit konstitutiv ist: zunächst (Takt 130–133) b"–a"–as"–g" oben und es"–d"–des" unten, dann (Takt 135–138) des'"–c'"–ces'"–b" oben und g"–ges"–f" unten:

Das zweite, auch rhythmisch geprägte Motiv b tritt in der Schlußgruppe (Takt 157 ff.) ganz in den Vordergrund; auf Achtelbasis verändert es nun auch seine metrische Qualität. Hatte die Figur zuvor meistens Auftaktfunktion, zielte also auf einen Taktschwerpunkt, so setzt sie nun auf diesem selbst ein, wobei allerdings (Takt 161 ff.) ein Akzent auf dem Zielton die für Brahms so typische metrische Ambivalenz bewirkt. Hier in Takt 161–165 werden die beiden Verfahrensweisen der motivischen Vermittlung direkt miteinander verbunden: Die gleichsam subkutane und in der Substanz der Motive a und b gründende Verbindungslinie führt zur Ober- und Hauptstimme, die auf direkter Übernahme geprägter thematischer Gestalten beruhende Linie wird vom Baß vertreten, der nichts anderes ist als die Umkehrung des ersten Viertakters aus dem Hauptthema:

Hauptthema- Umkehrung

Die genannten Beispiele dürften deutlich machen, wie weitgehend die motivisch-thematische Arbeit schon die Exposition bestimmt und diesen Formteil, der herkömmlich der thematischen Präsentation vorbehalten war, dem Tonsatzzustand einer Durchführung annähert. In den späteren Symphonien, namentlich im I. Satz der 4., hat Brahms daraus unmittelbare Konsequenzen für die Ausarbeitung der Durchführung gezogen. Bei der 1. dagegen verbleibt er noch im Rahmen der Tradition und disponiert den Formteil in zwei großen Steigerungswellen. Die zweite, deren Anfang man nach dem Abebben der ersten mit Takt 293 ansetzen kann, entspricht besonders deutlich dem Beethovenschen Modell, weil er als dynamischer Prozeß auf ein Ziel, auf den Reprisenbeginn, gerichtet ist. Gestalt gewinnt die zielgerichtete Steigerung vor allem durch jene rhythmische Figur b, auch dies ein Beethovensches Verfahren. Typisch für Brahms dagegen ist die Art und Weise, wie er einen motivischen Ableitungszusammenhang, den zwischen Einleitung beziehungsweise Hauptthema und Schlußgruppe, gleichsam explizierend an der musikalischen Oberfläche zur Darstellung bringt. Die rhythmische Figur spielt bereits in der ersten Steigerungswelle eine wesentliche Rolle, und zwar in ihrer Schlußgruppenform (s. das vorangehende Notenbeispiel). In dieser Funktion wird sie auch am Anfang der zweiten Steigerung (zuerst Takt 297–298) gehört, mehr noch, wenn sich ihr Auftreten ab Takt 313 verdichtet. Ziel dieser dynamisch unterstrichenen sukzessiven Motivverdichtung ist die simultane Kombination der Achtel- und Sechzehntelvariante ab Takt 321, in der letztere sich einerseits unverkennbar als Diminution und Resultat der vorangehenden Motiventwicklung ausweist, andererseits aber die gestaltliche Ausprägung jenes ‚Doppelpunkts‘ vor dem Hauptthema bereits eingeholt hat.

Die beiden Mittelsätze wurden im Verhältnis zu den Ecksätzen in Dimension und Anspruch deutlich zurückgenommen. Gemeinsam stellen sie gewissermaßen das Mittelglied einer großen, das ganze Werk umgreifenden dreiteiligen Formanlage dar, bei der allerdings das Gewicht – wie in allen Brahmsschen Symphonien – deutlich auf den Außengliedern und deren Verhältnis zueinander liegt. In ihnen wird die dramatische Formbewegung, die sich zuvor und danach abspielt, gewissermaßen suspendiert, was Clara Schumann in die Worte gefaßt hat: „Zwischen dem 1sten und letzten Satze bedarf der Geist nach meiner Empfindung etwas der Ruhe, eines Gesanges [...].“[23] An der Form beziehungsweise der Ausdehnung beider Sätze hat Brahms auch dann noch weitergearbeitet, als die Symphonie bereits aufgeführt worden war: Vom II. Satz liegt eine Frühfassung vor, die eine rondoähnliche Anlage A/B/A/C/A aufweist; beim III. Satz wurden im schon fertigen Autograph die Takte 125–143 ergänzt – vielleicht war dies Brahms' Reaktion auf den Eindruck, den Clara Schumann im eben genannten Brief geäußert hat: „Im dritten Satz war mir immer der Schluß nicht ganz befriedigend, gar so kurz."

In der Endfassung bestehen beide Sätze aus unterschiedlichen Ausprägungen der Liedform A/B/A ohne oder mit Coda, wobei sich die Dreiteiligkeit auch auf die Gestaltung der Hauptteile auswirkt. Deren variierte Wiederholung (A') jedoch ist im II. Satz auf fünf Glieder erweitert, im III. dagegen um den kontrastierenden Abschnitt (b) verkürzt worden. Eine solche Anlage ist im Langsamen II. Satz normal; beim III. wollte Brahms offenkundig wenigstens in der Form der Norm des tänzerischen III. Satzes nachkommen, obwohl er ihr im Charakter überhaupt nicht entspricht:

- II. Satz: A Takt 1–27: a 1–16 / b 17–23 / a 22 (überlappend) –27 I B Takt 27–66 I A' Takt 67–128: a 67–90 / b 91–96 / a 95–100 / b 101–104 / a 105–128.

- III. Satz: A Takt 1–71: a 1–45 / b 45–61 / a 62–71 I B Takt 71–115 I A' Takt 115–154 (ohne b) I Coda (B') Takt 154– 164.

Beide Sätze sind also formal analog gebaut, und beide stehen in Dur. Für die Mittelsätze der Brahmsschen Symphonien indes ist weniger die Form bestimmend als vielmehr der besondere Ton, der Charakter, zu dem die Tonart ihren Beitrag leisten kann oder – wie im vorliegenden Fall beim II. Satz – auch nicht. Die Mittel, die Brahms nun zur spezifischen und notwendigerweise unterschiedlichen Charakterisierung anwendet, sind ihm ganz eigentümlich: Sie beruhen einerseits auf der Art der zeitlichen Entfaltung oder Kohärenz der musikalischen Einzelheiten und andererseits auf der bewußten Ausnutzung der klanglichen Möglichkeiten des Orchesters.

Faßt man zunächst den letztgenannten Aspekt ins Auge, so tritt im II. Satz – wie sehr häufig in Langsamen Sätzen der Orchesterwerke von Brahms – die feinsinnige Ausdifferenzierung der vom Orchester gebotenen instrumentalen Möglichkeiten hervor; auffällig ist insbesondere die beträchtliche Rolle, die Soli spielen, das heißt Instrumente, die sich als Vorsänger, als

Individuum vom großen Kollektiv abheben: Die Oboe in Takt 18–23; wiederum die Oboe in Takt 38–43 und die Klarinette in Takt 42–46; schließlich das Solo-Trio ab Takt 91, das jenes erste Oboensolo wiederaufnimmt und mit Oboe, Horn und der alles überstrahlenden Solo-Violine einen ganz eigentümlichen und farbenreichen Klang erzeugt. Im III. Satz dagegen gibt es kein einziges Solo (die Klarinette am Anfang spielt kein Solo, sondern lediglich die Hauptstimme eines auf kammermusikalische Dimensionen reduzierten Satzes).

Gegensätzlich ist in beiden Sätzen auch die zeitliche Entfaltung der musikalischen Einzelheiten gestaltet. Im II. Satz wird namentlich zu Beginn ein Musterbeispiel musikalischer Prosa geboten: Kurze Phrasen, die zuweilen auch im Metrum verschoben sind, setzen – durch Pausen voneinander abgehoben – immer wieder aufs neue ein, so daß ein musikalischer Fluß überhaupt nicht zustande kommt (vgl. das Notenbeispiel unten).

Dagegen entfaltet sich der III. Satz fast durchgängig in kontinuierlichem Pulsieren der Achtelbewegung; zwar besteht das Thema am Anfang auch aus gesonderten Phrasen, sie sind aber als Korrespondenzen aufeinander bezogen, sei es durch das gleiche thematische Material (Takt 6–10 ist die Umkehrung von Takt 1–5), sei es durch analoge Ausdehnung: a 5 Takte / a' 5 Takte | b 2 Takte / b' 2 Takte | b" 1+1+1+1+1 Takte. Der musikalischen Prosa des II. Satzes werden also im III. ‚Verse' entgegengestellt.

Im Gegenzug wird die Kohärenz der Abschnitte und Teile in beiden Sätzen gleichsam reziprok zu der der thematischen Phrasen ausgearbeitet. Im II. Satz ist die Tendenz deutlich, die Grenzen zwischen den Abschnitten zu überspielen und unkenntlich zu machen, so namentlich in Takt 22–23, wo die Wiederaufnahme des a-Abschnitts bereits einsetzt, bevor der b-Abschnitt zu seinem Ende gefunden hat. Dagegen sind die einzelnen Formteile im III. Satz klar voneinander abgegrenzt, und Überlappungen kommen hier nicht vor.

Der in jeder Hinsicht ernsthaften, zuweilen sogar angestrengten Verhandlung gegenüber, die im Kopfsatz und im Finale geführt wird, sollen die Mittelsätze im Sinne einer emotionalen Beruhigung einen Ausgleich schaffen. Doch sie halten die Spannung, und erst im III. Satz, der einen idyllischen, ja heiteren Ton anschlägt, kommt der Geist – um jenen Gedanken Clara Schumanns nochmals aufzugreifen – einigermaßen zur Ruhe. Der II. Satz dagegen vermittelt zwischen den unterschiedlichen Spannungszuständen, steigert sich aber sehr wohl auch noch zum Ausdruck höchster emotionaler Intensität, so namentlich in Takt 33–35, die Walter Frisch als *„anguished funeral march"* charakterisiert hat.[24] Die Dur-Tonart, die einen anderen Ton erwarten lassen könnte, ist von vornherein eingetrübt, so gleich zu Beginn, wenn in Takt 3 der Melodie die Dur-Terz gis zur Moll-Terz g umgefärbt wird, vor allem aber durch die chromatisch geführte Begleitung in Takt 3–4 sowie Takt 4–6, die in letzteren Takten auch auf die Melodie übergreift:

Diese Chromatik stammt unverkennbar aus dem I. Satz, in dem sie eine so wichtige thematische Funktion hat. Sie bietet das erste greifbare Anzeichen dafür, daß Brahms bereits in seiner 1. Symphonie bestrebt war, die Sätze durch motivische Beziehungen aneinanderzubinden und solchermaßen die Konsistenz des Gesamtwerks zu fördern – diese Bestrebung sollte dann von der 3. Symphonie an offen zutage treten. Allerdings hat die Suche nach motivischen Übereinstimmungen bei Brahms heute so weit um sich gegriffen, daß sie an der Grenze der Plausibilität kaum haltmacht. Genannt seien daher im folgenden nur die wichtigsten und eindeutigen Stationen der motivischen Vermittlung, die – bemerkenswert genug – den Weg von Satz zu Satz markieren.

1. Die motivische Chromatik des I. Satzes wird auch im II. Satz zu einem bestimmenden Element des Tonsatzes.

2. Das Oboen-Solo in Takt 38 ff. des II. Satzes wird zur Vorlage des Hauptthemas im III. Satz:

3. Besonders auffällig im III. Satz ist die Substitution des Themennachsatzes (Takt 6–10) bei der Wiederaufnahme des Hauptteils ab Takt 115; denn diese Substitution (Takt 120–125) fällt aus der im vorliegenden Satz durchwegs beachteten Regelmäßigkeit der thematischen Korrespondenzen heraus, und ihre Gestalt ist einmalig im Satzgefüge. In ihr wird zum ersten Mal in der Symphonie – freilich in rhythmischer Verkleinerung – diejenige motivische Gestalt an der musikalischen Oberfläche präsentiert, die das Hauptthema des IV. Satzes mit dem Freude-Thema aus Beethovens 9. Symphonie nicht nur teilt, sondern die insistierend auf Übereinstimmung pocht (die motivische Gleichheit ist im folgenden Notenbeispiel durch eckige Klammern, die Identität durch ein zusätzliches x gekennzeichnet):

Freude-Thema, 3. Viertakter

III. Satz Takt 120 ff.

IV. Satz Takt 70 ff., Hauptthema, 3. Viertakter

Die Form des IV. Satzes ist – wie bereits Giselher Schubert festgestellt hat[25] – singulär in Brahms' Schaffen; sie ist aber, so wäre weiterführend zu ergänzen, in ihrer Perspektive und Bedeutung singulär in der gesamten Geschichte der Symphonie. Denn mit ihr bezieht sich Brahms ganz konkret und unverstellt auf Beethoven als Vorbild der Gattung, und das mit dem Ziel, sich davon abstoßen zu können und die eigene Lösung des Symphonieproblems vor dem Hintergrund des allgemein akzeptierten Modells um so prägnanter hervortreten zu lassen.

Der Kern der Form wird von einer langsamen Einleitung und einer Stretta-Coda eingerahmt. Schon die Existenz der langsamen Einleitung, mehr aber noch deren Anfangstonart c-Moll schaffen eine Verbindung zum I. Satz. Dies und die zahlreichen deutlichen motivischen Bezüge zu ihm verweisen darauf, daß der dort begonnene musikalische Gedankengang hier wiederaufgenommen wird, daß mithin der werkübergreifende Diskurs, der Brahms' Konzeption der Symphonie zum Inhalt hat, in den Ecksätzen stattfindet. Schon die Einleitung führt zu einem Durchbruch (Takt 30), zum emphatischen Wechsel von Moll nach Dur, und dieser Durchbruch gewinnt thematisch Kontur in dem berühmten Alphornruf, dessen gestaltliche Signalqualität zugleich auch eine formale Perspektive in sich birgt: Unverkennbar, daß er nicht episodisch bleiben kann, sondern Bedeutendes ankündigt. Ihm folgt mit Takt 47–50 ein Choral, der erst in der Coda wieder ganz in den Vordergrund gerückt wird.

Der Kern der Form, Takt 62–390, entfaltet sich in einer Mehrdeutigkeit, die für den Finalsatz der 3. Symphonie modellhaft geworden ist und auch im I. Satz der 4. Symphonie ihre Spuren hinterlassen hat. Brahms kombiniert nämlich Elemente der Sonatenform einerseits und des Rondos andererseits in einer Weise, für die sich in keiner der verschiedenen Ausbildungen des Sonatenrondos oder der Rondosonate, wie sie etwa Beethoven in seinem Spätwerk komponiert hat, ein Vorbild finden läßt. Die Exposition ist einigermaßen konventionell aufgebaut: Takt 62 Hauptsatz, Takt 118 Seitensatz in der Dominante, Takt 148–183 Schlußsatz; auffällig ist allerdings schon hier, daß die Modulations- oder Überleitungsgruppe zwar zu einem Viertakter (Takt 114–117) schrumpft, mit dem Alphornruf aber thematisches Material von Gewicht bietet.

Der zweite Formteil setzt in Takt 186 – wie im Rondo – mit dem Hauptthema in der Tonika ein (Takt 186–200 = 62–76), deutet bei dessen Wiederaufnahme durch die Wendung nach Es-Dur – wie in einer Sonatendurchführung – Sequenzbildung an, kehrt in Takt 220–232 (= Takt 94–106) zur Tonstufe der Exposition zurück, wird dann aber mit Entschiedenheit in den Beethovenschen Gestus einer Sonatendurchführung hineingezogen. Ziel dieser Durchführung ist jedoch nicht das Hauptthema, sondern der Alphornruf, der in Takt 286 als Kulminationspunkt des Satzes, ja der ganzen Symphonie wirkt. Der von ihm bestimmten Passage folgt ab Takt 302 der Seitensatz, mit dem die sowohl der Sonatenform als auch dem Sonatenrondo entsprechende Parallelführung der Reprise einsetzt.

Die Übereinstimmung der zweimaligen Reihung der thematischen Gestalten: Hauptthema – Alphornruf – Seitenthema – Schlußgruppe hat Anlaß dazu gegeben, von einer zweiteiligen Formanlage zu sprechen, die lediglich im zweiten Teil erweitert worden sei. Dem ist formal kaum zu widersprechen, die Interpretation indes geht an der inhaltlichen Qualität gerade der Erweiterungen vorbei. Die Ausspinnung des Hauptsatzes beim zweiten Durchgang, nach mehreren Ansätzen Durchführung im emphatischen Sinne, ist eine noch ganz im Sinne Beethovens auskomponierte zielgerichtete Steigerung mit dramatischem Impetus; und der Einsatz des Alphornrufs ist Reprisenbeginn, wie er nachdrücklicher kaum je komponiert wurde.

Darin aber liegt die Idee des Werks beschlossen, ist Brahms' produktive Reaktion auf Beethoven erkennbar, die zum Verhandlungsgegenstand des formalen Prozesses der gesamten Symphonie wird. Das Beethovensche Freude-Thema, das nur wenig verhüllt als Hauptthema des Finales figuriert, wird als *dramatis persona* am zentralen Punkt des formalen Diskurses verdrängt vom Alphornruf, von einem thematischen Gedanken, der Brahms' Weltsicht repräsentiert. Und man kann dieses Abstoßen des Beethovenschen Zeitgeistes noch weiterverfolgen. Sieht man in der Form des Finales ein Rondo – eine Annahme, die durch die Tonika-Wiederaufnahme des Hauptthemas am Anfang des zweiten Formteils legitimiert ist –, so wäre am Beginn der Coda ein weiterer, virtuell vierter Einsatz des Hauptthemas zu erwarten. Tatsächlich aber schrumpfen ab Takt 391 Motivfetzen des Themas zum Material einer Steigerung, die auf die einzige feste thematische Gestalt des Formteils, auf den Choral in Takt 407–416, gerichtet ist. Zweimal also wird das Freude-Thema substituiert, verdrängt, für ungültig erklärt; das eine und entscheidende Mal am Beginn der Reprise durch das Naturbild des Alphornrufs, das andere Mal durch den Choral.

All diese aufgezeigten Anknüpfungspunkte von Brahms' 1. Symphonie an Beethoven scheinen zunächst – wie jene Anspielung auf die Hammerklaviersonate Op. 106 im Hauptthema des I. Satzes von Brahms' erster publizierter Komposition, der C-Dur-Klaviersonate Op. 1 – lediglich die Funktion der Hommage, des konsequenzlosen Zitats zu haben: Die Tonart c-Moll, die Tonartendisposition der Sätze, die Verwandtschaft des rhythmischen Motivs im I. Satz mit dem Kernmotiv aus Beethovens 5. Symphonie und endlich die Adaption des Freude-Themas aus der ‚Neunten‘, über die sich Brahms ironisch geäußert hat: „Jawohl, und noch merkwürdiger ist, daß das jeder Esel gleich hört." Diesen Anknüpfungspunkten kommt jedoch eine weit höhere Bedeutung zu, und sie *sollten* gehört werden, weil sie Teilmomente der Auseinandersetzung mit Beethoven, konstitutive Momente des Gedankengangs der Symphonie sind. Und Brahms führt die Diskussion mit Beethoven unter den von diesem gesetzten ästhetischen Prämissen, indem er jene eminent wirksame Innovation des *„plot archetype"*, ‚Aus Nacht zu Licht‘, aufgreift, auf die er freilich danach nicht wieder zurückkommen sollte und wollte. Reinhold Brinkmann, dessen trefflichen und in einer Studie zur 2. Symphonie veröffentlichten Einsichten die vorliegenden Ausführungen verpflichtet sind, hat das so formuliert: „Brahms greift in seiner I. Symphonie ein prägendes Modell Beethovens auf, jenen ‚plot archetype‘ der Symphonik des 19. Jahrhunderts, den man als Lösung eines Ideenkonflikts durch einen aufs befreiende Ende hin gerichteten Formprozeß des Werks umschreiben könnte, schlagwortartig verkürzt als das ‚positive' Überwinden eines ‚negativen' Prinzips."[26] Doch das Ziel ist ein anderes, und Brahms akzentuiert die Differenz durch die Ähnlichkeit der Ausgangspunkte: durch all die genannten Anknüpfungspunkte, insbesondere durch das c-Moll wie in der 5. Symphonie sowie durch die thematische Analogie zum Finale der 9. Symphonie Beethovens. In jener erfüllt sich der Formprozeß im C-Dur-Marsch des Finales, in dieser in Schillers ‚Ode an die Freude' – beides Ausdrucksformen einer sich selbst bewußten Menschheit auf dem Weg zu einem neuen Zustand, beides künstlerische Realisationen der großen Ideen des von der Französischen Revolution geprägten Zeitalters. Ein solcher Optimismus ist ein halbes Jahrhundert später, als das Bürgertum von der politischen Mitwirkung ausgeschlossen war, der Selbstbeschränkung und Melancholie gewichen. Und Brahms entspricht dieser Geisteshaltung durch zwei Bereiche, in denen der Mensch höheren Mächten unterworfen ist: Ziel des Formprozesses in der 1. Symphonie sind der Alphornruf als Signum von Natur einerseits und der Choral als Sinnbild von Religion andererseits. Die 2. Symphonie, die nicht nur im Entstehungsprozeß, sondern auch inhaltlich mit der 1. ein Paar bildet, sollte dann vom Resultat des dort vorgeführten Prozesses, vom Naturbild, seinen Ausgang nehmen.

III. Volkston und Naturidylle

2. Symphonie D-Dur, Opus 73

- Entstehung: Während des Sommeraufenthalts in Pörtschach am Wörthersee 1877 und im Herbst desselben Jahres in Lichtenthal bei Baden-Baden.

- Uraufführung: 30. Dezember 1877 in Wien unter Leitung von Hans Richter.

- Arrangement für Klavier zu vier Händen vom Komponisten.

- Erstausgabe: August 1878 (Partitur, Stimmen und Arrangement) im Verlag N. Simrock, Berlin.

- Besetzung: 2 Flöten, 2 Oboen, 2 Klarinetten, 2 Fagotte; 4 Hörner, 2 Trompeten, 3 Posaunen, Baßtuba; Pauken; Violine I, Violine II, Bratsche, Violoncello, Kontrabaß.

- I. Satz: D-Dur. Allegro non troppo, 3/4. 523 notierte Takte, 708 klingende Takte (Wiederholung von Takt 2–186, das heißt der Exposition der Sonatenform).

- II. Satz: H-Dur. Adagio non troppo, C – L'istesso tempo, ma grazioso, 12/8 (Takt 33) – 12/8 und C (Takt 57) – C (Takt 62) – 12/8 (Takt 92) – C (Takt 97). 104 Takte.

- III. Satz: G-Dur. Allegretto grazioso (Quasi Andantino), 3/4 – Presto ma non assai, 2/4 (Takt 33) – Tempo I, 3/4 (Takt 107) – Presto ma non assai, 3/8 (Takt 126) und 9/8 (Takt 188) – Poco a poco (Takt 190) Tempo I, 3/4 (Takt 194). 240 Takte.

- IV. Satz: D-Dur. Allegro con spirito, ¢. 429 Takte.

Wie bereits an der Chronologie der Werkentstehung ablesbar ist, bilden die 1. und die 2. Symphonie ein Paar. Hatte Brahms sich an Op. 68 wenigstens 16 Jahre abgemüht, so lag bereits ein Jahr später auch Op. 73 vollendet vor. Es ist also durchaus denkbar – in Ermangelung von Dokumenten zum Entstehungsprozeß aber nicht nachweisbar –, daß er sich bereits während der Arbeit an der 1. mit der Konzeption der 2. Symphonie beschäftigt hat – oder aber: Der endlich erreichte Erfolg bei der Vollendung seines ersten Werks dieser Gattung hatte einen solchen Schaffensimpuls ausgelöst, daß es Brahms leichtfiel, rasch eine weitere Symphonie vorzulegen. Der gedankliche Zusammenhang zwischen beiden Kompositionen, von dem noch zu sprechen sein wird, hat seinen Grund aber auch in der generellen und kompositorisch besonders interessanten Gewohnheit von Brahms, zur annähernd gleichen Zeit an zwei Werken ein und derselben Gattung oder aber benachbarter Gattungen zu arbeiten, sich also demselben kompositorischen Problem gleichsam von zwei Seiten zu nähern. Diese Neigung tritt namentlich im Kammermusikwerk, das in Brahms' Œuvre ja auch quantitativ einen besonderen Platz einnimmt, deutlich zutage, und sie wird von Brahms insofern dokumentiert, als er zweimal – bei den Streichquartetten Op. 51 und den Klarinettensonaten Op. 120 – zwei Kompositionen unter einer Opuszahl veröffentlichte. Paare indes bilden schon die beiden Serenaden Op. 11 und 16 (1857–1859) sowie die Klavierquartette Op. 25 und 26 (Herbst 1861), später dann die Ouvertüren Op. 80 und 81. Verengt man den Blick nicht auf die Besetzung allein, so kann man etwa auch die Violoncellosonate Op. 99 und die Violinsonate Op. 100, die beide im Sommer 1886 in Thun komponiert wurden, als Doppelkonzeption betrachten. Und wie sich Brahms' kompositorische Arbeit im Sommer 1878 auf Geigenkompositionen konzentrierte – er vollendete das Violinkonzert Op. 77 und begann die Violinsonate Op. 78 –, so läßt die zeitliche Nachbarschaft des 1886 entstandenen Klaviertrios Op. 101 mit dem 1887 beendeten Doppelkonzert Op. 102 als Kompositionen für Geige und Cello mit Begleitung des Klaviers (für das an mehreren Stellen ein orchestraler Satz charakteristisch ist) beziehungsweise des Orchesters die Annahme eines Werkpaars durchaus als begründet erscheinen.

Bringt die 1. Symphonie den Kampf um Befreiung und Selbstfindung des kompositorischen Individuums Brahms in aller Offenheit, vollem Ernst und nur kurzfristig nachlassender Anspannung zur Darstellung, sein Ringen um die Bewältigung des Symphonieproblems und seine Auseinandersetzung mit dem bedrohlichen Vorbild Beethoven –, so führt die 2. Symphonie gleichsam als Riposte und Resultat jenes bestandenen Kampfes den Zustand der Entspanntheit, des Zu-sich-selbst-Kommens und die zufriedene Bewußtheit des eigenen Weges vor Augen. Und – will man diesem Aspekt eine räumliche Perspektive verleihen – bleibt die 1. Symphonie dem Konzertsaal oder der Komponierstube, auf jeden Fall Räumen künstlerischer Arbeit verbunden, so führt die 2. Symphonie hinaus in die Natur, in den Bereich der Muße und der gerade deshalb produktiven Entspannung; Reinhold Brinkmann hat den Charakter der Symphonie denn auch als „Späte Idylle" umschrieben. Brahms war – und damit folgte er einer damals noch nicht allseits gängigen Aktivität – ein begeisterter Spaziergänger, es zog ihn hinaus an die Seen, zu Wiesen und Bergen; und bei diesen Freizeitunternehmen hat er viele seiner kompositorischen Projekte entscheidend weitergebracht, allein und in der ihm wohltuenden Natur. Daß aber diese Naturgestimmtheit auch zum unmittelbaren und unverstellten Ausdrucksgehalt eines Werkes größerer Dimension wurde, ist wohl nirgendwo bei Brahms so unverkennbar wie in dieser Symphonie. Man hat sie mit Bezug auf ihren Entstehungsort daher nicht ganz zu Unrecht ‚Wörthersee-Symphonie' genannt, wenngleich es wohl weniger dieses biographische Detail, dieser See ist, der Brahms zum Bekenntnis seiner Naturverbundenheit veranlaßt hat, als vielmehr die Hochstimmung des Komponisten und real existierenden Menschen, nachdem er der „Angelegenheit von Leben und Tod" mit der 1. Symphonie Herr geworden war. Noch aus Pörtschach schreibt er im Sommer 1877 an den befreundeten Eduard Hanslick, er werde ihm „den Winter eine Symphonie vorspielen", die „heiter und lieblich" klinge. Darauf könnte sich die allgemeine Rezeption berufen, für welche die 2. als heiterste unter den Symphonien von Brahms zum Publikumsliebling geworden ist.

Es gehört zu den Eigentümlichkeiten des Brahmsschen Humors, sich über Kompositionen, die zweifellos gelungen sind, was auch ihm selbst klar sein mußte, besonders despektierlich zu äußern, so beispielsweise über das 2. Klavierkonzert Op. 83. Auch für die 2. Symphonie liegen solche Äußerungen vor, bei denen allerdings ein Moment, das über die verschmitzte Humorigkeit hinausgeht, besonders auffällig ist: die Insistenz auf der Traurigkeit des Stücks. Offenkundig wollte Brahms dem denkbaren Eindruck entgegenwirken, die Symphonie sei positiv in einem vordergründigen Sinne, das heißt von einer der Gattung fremden Oberflächlichkeit; denn er wußte, daß die Heiterkeit, die an der Außenseite der Musik eindeutig zu sein scheint, jedenfalls in den ersten beiden Sätzen nicht ungebrochen bleibt. Die einschlägigen Passagen finden sich in Briefen, die Brahms in kurzem Abstand, nämlich am 27., 29. und 30. Dezember 1877, an Adolf Schubring, Elisabet von Herzogenberg und seinen Verleger Fritz Simrock richtete; sie dokumentieren, mehrfach gebrochen oder verschmitzt, die Heiterkeit des Melancholikers.

„am 10. [Januar in Leipzig] führe ich eine neue Symphonie auf. Zu letzterer kommst Du doch recht zeitig (gute Proben). Du hast noch nichts Weltschmerzlicheres gehört – ganz f moll."[27]

„Hier spielen die Musiker meine Neue mit Flor um den Arm, weil's gar so lamentabel klingt; sie wird auch mit Trauerrand gedruckt."[28]

„Das Orchester hat hier mit einer Wollust geübt und gespielt und mich gelobt, wie es mir noch nicht passiert ist!

Aber Sie müssen an die Partitur einen Trauerrand wenden, daß sie auch äußerlich ihre Melancholie zeigt!"[29]

Nichts von Melancholie, sondern nur eine, wenn auch noch bedeckte, gemütliche und zuweilen altväterliche Heiterkeit bietet der III. Satz, der den tänzerischen Teil der Symphonie repräsentiert. Er ist der kürzeste dieser Symphonie, und man kann wohl auch sagen, daß er der leichteste unter allen Brahmsschen Symphoniesätzen sei. Doch sollte darüber nicht vergessen werden, daß er in besonderem Maße – gerade auch durch die Rücknahme des Anspruchs – einsteht für Brahms' eigenen Weg, für sein individuelles Konzept der Symphonie.

Mit Blick auf die Symphonie als Ganzes ist festzuhalten, daß der entscheidende symphonische Diskurs sich bei Brahms immer in den Außensätzen als den im tieferen Sinne zentralen abspielt. Die Mittelsätze sind – ohne die emotionale Tiefe aller Langsamen Sätze oder auch den lärmenden Impetus des III. Satzes in der 4. Symphonie übersehen zu wollen – hinsichtlich ihrer Bedeutung reduziert und stellen – wie schon bei der 1. Symphonie beschrieben – die zweigliedrige Mittelphase eines übergreifend dreigliedrigen Formbaus dar, in der „der Geist zur Ruhe kommt". Dieses Relationsgefüge der Sätze behält Brahms auch in der 2. Symphonie bei; und da diese ohnehin in bewußter Distanzierung nicht auf der Ebene höchster symphonischer Emphase angesiedelt ist und keine Menschheitsprobleme abhandelt, ist die Einbeziehung eines leichten, ja eines Serenadentons im III. Satz nur konsequent.

Überblickt man alle III., also die tänzerischen Sätze der Brahms-Symphonien, so fällt die Eigenständigkeit auf, mit der sie gefügt sind. Im Gegensatz namentlich zur Kammermusik hat Brahms in keiner der Symphonien auf vorgeprägte Typen zurückgegriffen, sei es auf das gemächliche Menuett der Haydn-Symphonien oder das rasche Scherzo bei Beethoven (das in dessen frühen Symphonien noch immer Menuett heißt). Vielmehr formt Brahms in jeder der Symphonien den III. Satz ganz individuell und geht – wie in der 1. Symphonie – sogar so weit, auf den Tanzcharakter und den Dreiertakt völlig zu verzichten. An ein Scherzo erinnert, wenn nicht in der Form, so doch im Tempo (Allegro giocoso) und durch den burlesken Charakter allein der III. Satz der 4. Symphonie; die entsprechenden Sätze der anderen Symphonien dagegen sind ruhiger in ihrer Bewegungsart: Allegretto e grazioso bei der 1. sowie Poco Allegretto bei der 3. Symphonie. In der 2. Symphonie, die hier behandelt wird, alterniert das Haupttempo Allegretto grazioso (Quasi Andantino) im Dreiertakt zweimal mit Presto ma non assai, das sich zunächst im Zweier-, dann im Dreiertakt entfaltet.

Grund für den mehrfachen Takt- und Tempowechsel ist die Präsentation von drei unterschiedlichen Tänzen, die Brahms in suitenartiger Reihung miteinander verbindet: Ein menuettartiger Ländler an erster, dritter und fünfter Stelle (Takt 1–32, 107–125 und 194–240) bildet den Hauptteil, der Galopp an zweiter (Takt 33–106) und der Geschwindwalzer an dritter Stelle (Takt 126–187) fungieren als Kontrastteile (die Takte 188–193 enthalten eine rückführende Überleitung).

Ins Blickfeld tritt damit ein weiteres das Brahmssche Œuvre auszeichnendes Merkmal: seine hohe Kunst der Tanzkomposition. Man kann in Brahms – der darin in der Nachfolge von Franz Schubert steht und mindestens ebenso zu differenzieren wußte wie der Walzerkönig Johann Strauß – einen Meister im tänzerischen Genre sehen, was nicht nur durch die ‚Ungarischen Tänze', die Brahms den Erfolg in der hausmusikalischen Sphäre ebneten, sondern beispielsweise auch und vor allem durch die überaus einfallsreichen und vielgestaltigen KlavierWalzer Op. 39 belegt werden kann. Daß Brahms diese seine spezielle Fertigkeit auch in die Symphonie einbrachte, verdient besondere Aufmerksamkeit. Sie dürfte auch der Grund dafür sein, daß die tänzerischen III. Sätze in allen Symphonien so unterschiedlich und individuell gefügt sind.

Wenn oben von suitenartiger Reihung der Formteile gesprochen wurde, so war damit zunächst die Verkettung unterschiedlicher Tänze gemeint, die für die Suite als althergebrachten Gattungstypus bestimmend ist. Doch Brahms knüpft noch an eine spezielle Ausprägung der Gattung an, die Variationensuite, bei der – wie hier im Ländler und Galopp – das motivische Material beibehalten, aber der spezifischen rhythmischen Bewegung des jeweiligen Tanzes angepaßt wird. Und noch eine weitere Allusion bietet der offenkundig doch nicht so einfache Satz: Seine formale Disposition deutet auf das Rondo hin; der Ländler fungiert als Refrain, Galopp und Geschwindwalzer vertreten das Couplet.

Der III. Satz steht in deutlichem Kontrast zu dem vorangehenden II., und das im Ton oder Ausdruck, durch seinen harmonischen Reichtum und in der Klarheit der Form. Ist im III. Satz alles eindeutig und hell, die Harmonik ohne Einschränkungen von der Dur-Tonart geprägt und die Gliederung in Formteile unmißverständlich gekennzeichnet, so weilt der II. Satz eher im melancholischen Schatten der Idylle, in dem sich klare Konturen verwischen und ungreifbar werden. Die Harmonik wird – trotz der Dur-Tonart – durch Einbeziehung chromatischer Farben eingedunkelt, und die überaus differenzierte Instrumentation trägt das Ihre dazu bei, um dem Satz seine kaleidoskopisch reiche Ausdrucksfülle zu verleihen, die alles andere als nur heitere Töne umfaßt.

Implikationsreich ist aber auch die Form des II. Satzes. Er folgt im Prinzip der traditionellen Dreiteiligkeit eines Langsamen Satzes, doch nimmt er einige so wesentliche Elemente der Sonatenform in sich auf, daß auch hier Mehrdeutigkeit eine einfache Bestimmung verhindert. Der Hauptteil (Takt 1–32) ist in sich wiederum dreigeteilt (Takt 1–17, 17–27 und 28–32), wobei das Mittelglied als Fugato schon auf eine durchführungsmäßige Verarbeitung hindeutet. Der Wechsel zum 12/8-Takt und die Präsentation eines neuen thematischen Gedankens in Takt 33 scheinen den Übergang zum B-Teil zu markieren; aber einerseits ist dieser Gedanke in mehrfacher Hinsicht wie ein Seitensatz formuliert, andererseits folgt ihm ab Takt 45 ein weiteres Thema, das von Takt 49 an in eine veritable Durchführung übergeht. Sie wird in Takt 57–61 mit einer Rückführung beschlossen, die sich bereits auf Material des Hauptthemas stützt. Die Reprise ab Takt 62 ist stark und zum Teil durchführungsartig variiert (vgl. vor allem Takt 87 ff.); auf das Fugatosubjekt wird (Takt 81 ff.) nur noch kurz eingegangen, das ‚Seitenthema‘ entfällt völlig, und an den 12/8-Takt wird nur durch jenes dritte Thema kurz erinnert (Takt 92–96). Im Vordergrund steht das Hauptthema, das in immer wieder anderer klanglicher und harmonischer Beleuchtung hervortritt, so auch im Epilog (Takt 100–104), in dem die Kombination von Streichergruppe und Pauke zu einem der eindrucksvollsten Beispiele Brahmsscher Instrumentationskunst zählt.

Der Langsame Satz stellt offenkundig den emotionalen Tiefpunkt der Symphonie dar, von dem aus die Symphonie sich stufenweise wieder zum Positiven wendet. Zeugt schon der III. Satz mit seiner betonten tänzerischen Beschwingtheit wieder von idyllischer Heiterkeit, so schlägt diese im Finale ganz unverstellt in kollektive Euphorie um. „Und jetzt alle!", scheint der Komponist auszurufen, wenn in Takt 23 das volle Orchester auf die eher kammermusikalische Exposition des Hauptthemas antwortet – eine für Brahms ganz untypische Geste, die sich im vorliegenden Satz noch mehrfach wiederholt; und auch das nachdenkliche Innehalten, für das die Schlußabschnitte der Durchführung im Tempo zurückgenommen werden (ab Takt 206), dient weniger als Gegenbild denn als Neuansatz für den mitreißenden Schwung, der den Satz charakterisiert. R. Brinkmann hat zu Recht darauf hingewiesen, daß dieses Finale ein wirkliches Allegro „con spirito" ist, vielleicht das einzige von Brahms.

Von allen Finalsätzen der Brahms-Symphonien ist der vorliegende – vielleicht auch dies im Zusammenhang mit dem Charakter des Satzes – formal am einfachsten gefügt; er stellt einen Sonatensatz dar (allerdings wiederum mit der Rondoimplikation, daß das Hauptthema am Anfang der Durchführung in der Tonika erscheint): Takt 1–154 Exposition (1–60 Hauptsatz, 60–77 Überleitung, 78–113 Seitensatz, 114–154 Schlußgruppe) / Takt 155–243 Durchführung / Takt 244–352 Reprise (244–280 verkürzter Hauptsatz; Takt 281–344 entsprechen Takt 78–141; die in Takt 317 einsetzende Schlußgruppe ist am Ende etwas erweitert) / Takt 353–429 Coda.

Die oben angesprochene Beobachtung einer Entwicklung des emotionalen Zustandes vom II. bis zum IV. Satz, die gewiß nicht linear ist und nicht linear sein kann, dürfte angesichts der unterschiedlichen – qualitativen wie quantitativen – Bedeutung ihrer Stufen einige Bedenken hervorrufen; sie ist aber beim Hören unverkennbar: Die Musik öffnet sich wieder zum Positiven. Damit dürfte die 2. die einzige Symphonie von Brahms sein, in der auch die Mittelsätze am zentralen Handlungsablauf des Werks teilhaben. Sie ist aber auch diejenige, in welcher der IV. Satz dem Kopfsatz an Bedeutung nicht ebenbürtig ist: Das Finale nimmt durchaus Züge des vorbeethovenschen ‚Rausschmeißers' an. Dem I. Satz kommt in jeder Hinsicht die vorrangige Bedeutung innerhalb der 2. Symphonie zu: durch seine

Länge, die derjenigen der anderen drei Sätze zusammen annähernd gleichkommt, vor allem aber dadurch, daß er den Naturton in mehrfacher Brechung wiedergibt, also gleichsam die emotionalen Zustände, die in den folgenden Sätzen einzeln ausgebreitet werden, in sich bündelt (deshalb ist in der Graphik unten seine Satznummer auch eingeklammert).

Nimmt man jene Entwicklung aber ernst, so ist eine Korrespondenz zur Tonartendisposition der Sätze zu konstatieren, die sich im Verhältnis zu deren Ausdrucksgehalt rückläufig und in fallenden Terzschritten beziehungsweise in einem steigenden Quintschritt zwischen den Dur-Tonarten entfaltet:

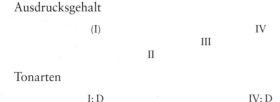

Ausdrucksgehalt

      (I)   IV

                  III

        II

Tonarten

      I: D   IV: D

        II: H

             III: G

Erwähnenswert wäre freilich auch, daß die tonale Anlage des Formgefüges im ebenfalls dreiklangsgebundenen Kopfthema des I. Satzes als zentralem Ausgangspunkt der ganzen Symphonie ihre Entsprechung im musikalischen Detail hat.

Das Thema, mit dem die Symphonie anhebt, präsentiert in aller Deutlichkeit den Gegenstand des Werks: Volkston und Naturbild. Es wird von den Hörnern, die im 19. Jahrhundert als Signum von Natur galten, angestimmt und hält sich in seiner melodischen Formulierung weitgehend an die Normen, die der Formung eines Volkslieds zugrunde liegen: einfache rhythmische Gestalt, Dreiklangsbindung oder kleine Intervalle und Oktavrahmen; nur in letzterem Punkt greift Brahms in das Regelwerk ein, indem er den zweiten Viertakter um eine Oktave nach oben versetzt. Nimmt man indes diese kompositorische Maßnahme zurück, so kann das Thema von jedermann gesungen werden:

Und beim Seitenthema des I. Satzes bekennt sich Brahms ausdrücklich zur Sangbarkeit der Melodie, indem er sie mit der Anweisung „*cantando*" versieht.

Die Einfachheit der Melodik in beiden Themen und ihre Nähe zum Volkslied allerdings sind nur scheinbar Ergebnis des unmittelbaren Einfalls, der natürlichen Eingebung; vielmehr hat Brahms stets darauf insistiert, daß gerade solche volkstümlich wirkenden musikalischen Gedanken der konzentrierten kompositorischen Kontrolle beziehungsweise Arbeit bedürfen, um kunstfähig zu werden, um in Kunstwerken als natürlich wahrgenommen werden zu können. Sie sind mithin „zweite Natur".

Hier treffen sich Brahms' Ästhetik und kompositorische Praxis mit dem romantischen Begriff von Einfachheit, von Natürlichkeit, von Volkstümlichkeit. Diese Begriffe waren vermittelte Ausdrücke, das heißt, sie gingen nicht auf in den realen Gegebenheiten. Natürlichkeit ist nicht gleichzusetzen mit der realen Natur, die den Menschen umgibt – auch wenn die Romantik der Landschaft weit mehr Aufmerksamkeit zuwandte als alle Kunstrichtungen zuvor; Einfachheit ist nicht Simplizität, die Trivialität des Rohen, Ungebildeten, ist nicht Gegensatz zum Künstlich-Künstlerischen; und Volkstümlichkeit, der die beiden anderen überspannende Begriff, ist nicht die Ausdrucksweise des realen Volks im 19. Jahrhundert. Vielmehr verklären und idealisieren diese Begriffe; eingebunden in die Wertvorstellungen des im 19. Jahrhundert dominierenden Bürgertums, ge-

ben sie eher Ideales denn Reales an, umschreiben eher Zielvor-
stellungen als tatsächliche Gegebenheiten. Damit aber ist ein-
leuchtend, daß der Künstler, will er diesen Idealen nahekom-
men, sich nicht mit dem Vorgefundenen begnügen kann,
sondern daß dafür artifizielles Aufarbeiten, künstlerische Zu-
bereitung, unabdingbare Voraussetzung ist.

Brahms war hinsichtlich des überkommenen Volksliedguts
ein Vertreter der „romantischen Aneignung", die – wie im lite-
rarischen Bereich vor allem in ‚Des Knaben Wunderhorn' – bis
hin zur völligen Neufassung der Lieder ging. Auch bei der
Auswahl der Volkslieder, die er selbst für verschiedene Beset-
zungen bearbeitete, ging es ihm weniger um die Echtheit der
Vorlagen als um musikalische Qualität.

Wie wichtig für Brahms der Aspekt des Volkstümlichen war,
zeigen schon große Teile seines umfangreichen Liedschaffens;
kaum ein Komponist hat hier so unverwechselbar den ‚Volkston' getroffen. Aber auch in vielen Instrumentalkompositio-
nen, namentlich in den Charakterstücken für Klavier, sind einfache, leicht faßliche Melodien zu finden, die an Volkslieder
gemahnen. Hier, in eigenen Kompositionen, stellt sich jenes
Problem der Vermittlung nur in etwas anderer Form. Obwohl
die Melodien so einfach, so natürlich wirken, entspringen sie
nicht notwendigerweise dem spontanen Einfall, sondern sind
Ergebnis kompositorischer Arbeit: Das Natürliche ist nicht
Gegensatz, sondern Resultat des Artifiziellen.

In der 2. Symphonie indes, zumal im I. Satz, geht es Brahms
nicht allein um die wie auch immer artifiziell eingerichtete Präsentation von Naturbild und Volkston: Seine Sehnsucht nach
der ‚heilen Welt' war nicht naiv oder ohne Skepsis. Erinnert sei
an die oben wiedergegebenen Briefstellen, in denen der – für
Brahmssche Verhältnisse – offenen Heiterkeit der Symphonie
immer wieder melancholisch ein Trauerflor umgehängt wird.
Diese „Heiterkeit eines Melancholikers" läßt sich schon am
bittersüßen Charakter des zwischen Dur und Moll schwan-
kenden Seitensatzthemas im I. Satz zeigen (s. das Notenbeispiel
oben), noch tiefergehend jedoch an den rhythmisch-metrischen
Brechungen, die den I. Satz insgesamt prägen und mit denen

Brahms die naive Einfachheit von Naturton und Liedmelodik in Scheinhaftigkeit überführt.

Die Mehrdeutigkeit indes ist nicht Ergebnis einer Entwicklung, sondern wird von allem Anfang an exponiert. Schon das Hauptthema ist in seiner zeitlichen Entfaltung (s. das Notenbeispiel oben) nicht einsträngig, sondern wird aus zwei Stimmen kombiniert, deren metrische Schwerpunkte quer zueinander stehen: Ein viertaktiges Baßmodell setzt jeweils um einen Takt früher ein als die ebenfalls viertaktigen Glieder der Oberstimmenmelodie. Es ergibt sich so eine Überlappung der jeweils ersten und vierten Takte der Phrasen und damit eine Überlagerung von schweren und leichten Takten des metrischen Beziehungsgefüges, was nicht nur der einschichtigen Wahrnehmung entgegensteht, sondern durch das ständige Changieren der harmonisch-metrischen Gewichtung sogar die eindeutige Bestimmung des musikalischen Pulses verhindert.

Die Verfahren, die Brahms zum differenzierenden Aufbrechen einer einheitlichen Bezugsgröße anwendet, richten sich des weiteren und in großer Vielfalt gegen den Takt selbst, wozu der 3/4-Takt besonders gute Möglichkeiten bietet. Durch die individuelle rhythmische Füllung verwandelt Brahms die grundlegende metrische Basis entweder zum 6/8-Takt (angedeutet schon in Takt 64 ff., vor allem aber in der Durchführung, zuerst in Takt 236–237) oder – zwei Takte zusammenfassend – zur Hemiole eines 3/2-Taktes (schon Takt 42–43, vor allem aber wiederum in der Durchführung: Takt 246–249 gibt ein Beispiel für die Kombination aller drei Taktfüllungen). Damit greift er herkömmliche Verfahren der Differenzierung eines 3/4-Taktes auf, freilich in einer ungewöhnlichen Akzentuierung und Vielfalt.

Doch Brahms geht noch weiter; er stellt die metrische Eindeutigkeit auch insofern in Frage, als er Dreiviertelphrasen wie in der Espressivo-Passage ab Takt 136 gleichsam falsch im Takt notiert: Sie setzen – obwohl für sich eigentlich anfangsbetont – jeweils auf dem zweiten Viertel des Taktes als der schwächsten Zählzeit ein.

Die Sonatenform des I. Satzes ist wiederum auf besondere

Weise geprägt; das betrifft vor allem die Ausarbeitung der Exposition, deren Disposition in keiner der anderen Symphonien anzutreffen ist (sie sollte sich allerdings in der ‚Tragischen Ouvertüre' Op. 81 wiederholen). Denn dem Hauptsatz (Takt 1), dessen überleitender Verarbeitung (Takt 44) und dem Seitensatz (Takt 82) folgt ein Formteil, dessen Qualität mit der herkömmlichen Qualifizierung als Schlußgruppe kaum hinreichend beschrieben werden kann. Brahms führt nämlich zwei weitere Ausdrucksbereiche ein, die gleichsam als Pendant zum einigermaßen ähnlichen, vor allem bewegungsmäßig gleichartigen Charakter von Haupt und Seitenthema fungieren: einen rhythmisch prägnanten Marcato-Abschnitt (Takt 118 ff.) und eine Passage (Takt 136 ff.), die Reinhold Brinkmann treffend als „großes Espressivo" bezeichnet hat. Zudem fügt Brahms – auch das ist ungewöhnlich – der Exposition sogar noch einen Epilog an (Takt 156), in dem er erneut auf das Seitensatzthema zurückgreift.

Brahms' großer Sinn für Ökonomie und Ausgewogenheit wird in der Reprise deutlich, die eben nicht nur Wiederholung der Exposition, sondern Resultat der vorangegangenen Durchführung ist. Gegenstand der Durchführung (Takt 179–301) ist nahezu ausschließlich das Hauptthema mit seinen verschiedenen Bestandteilen. Dementsprechend sind in der Reprise die 81 Takte, die in der Exposition dem Eröffnungsteil und dem überleitenden Neueinsatz des Hauptthemas gewidmet waren, auf 48 Takte verkürzt worden (Takt 302–349); danach folgen – wie fast immer bei Brahms – der zur Exposition parallel verlaufende Seitensatz und die ebenfalls parallele Schlußgruppe, hier in der Differenzierung von Seitensatz (Takt 350), Marcato-Abschnitt (Takt 386), großem Espressivo (Takt 404) und erneut Seitensatz (Takt 424). Bei der Kürzung der Hauptsatzgruppe entfällt eine besonders charakteristische Passage: die Scherzando-Episode, die in Takt 66 ff. dem Seitensatz voranging. Doch auch auf sie kommt Brahms zurück und integriert sie (Takt 497) in die Coda.

IV. Melancholischer Herbst

3. Symphonie F-Dur, Opus 90

- Entstehung: Während des Sommeraufenthalts 1883 in Wiesbaden.

- Uraufführung: 2. Dezember 1883 in Wien unter Leitung von Hans Richter.

- Arrangement für zwei Klaviere vom Komponisten.

- Erstausgabe: März/April 1884 (Arrangement) beziehungsweise Mai 1884 (Partitur und Stimmen) im Verlag N. Simrock, Berlin.

- Besetzung: 2 Flöten, 2 Oboen, 2 Klarinetten, 2 Fagotte, Kontrafagott (nur I. und IV. Satz); 4 Hörner, 2 Trompeten, 3 Posaunen (nur I. und IV. Satz); Pauken; Violine I, Violine II, Bratsche, Violoncello, Kontrabaß.

- I. Satz: F-Dur. Allegro con brio, 6/4 (9/4). 224 notierte Takte, 296 klingende Takte (Wiederholung von Takt 1–72, das heißt der Exposition der Sonatenform).

- II. Satz: C-Dur. Andante, C. 134 Takte.

- III. Satz: c-Moll – As-Dur (Takt 54) – c-Moll (Takt 99). Poco Allegretto, 3/8. 163 Takte.

- IV. Satz: f-Moll – F-Dur (Takt 267). Allegro – Un poco sostenuto (Takt 267), ¢. 309 Takte.

Die 3. Symphonie Op. 90 zeichnet sich durch die Eigentümlichkeit aus, daß Brahms' Streben, die vier Sätze zu einem geschlossenen Ganzen zusammenzufügen, auch an der musikalischen Oberfläche zutage tritt – ein Problem, das, wie bereits angemerkt, für die Komponisten symphonischer Musik jener Zeit von besonderer Dringlichkeit war. Darauf verweist allem voran die Wiederaufnahme des Anfangs am Schluß, das heißt die Abrundung des Formgefüges durch die gestaltliche Übereinstimmung an zwei prominenten formalen Stellen: an der Initial- beziehungsweise Finalposition. Das Kernmotiv des I. Satzes (Takt 1–3) wird am Ende des Schlußsatzes in akzentuierender Verdreifachung wiederaufgegriffen (Takt 273–274 Oboe; Takt 277–278 Horn; Takt 297–301 Flöten, Oboen, Klarinetten Hörner); und wie am Anfang der Symphonie (ab Takt 3) folgt dem Kernmotiv ab Takt 301 am Ende des IV. Satzes und als Schluß der ganzen Symphonie der nun rhythmisch geglättete erste Abschnitt des Kopfsatz-Hauptthemas.

Freilich läßt es ein Komponist wie Brahms zum Zweck der Vereinheitlichung des Werkganzen nicht bei einem so plakativen Verfahren bewenden, sondern er treibt die Integration auf allen zur Verfügung stehenden Ebenen voran, so namentlich auf der harmonisch-tonalen und der motivisch-thematischen. Zu sprechen ist zunächst wiederum von der tonalen Disposition der Sätze, bei der auffällt, daß Brahms hier nicht wie in den anderen Symphonien Terzbeziehungen verwendet, sondern auf die traditionelle Quintrelation zurückgreift: F-Dur (Durtonika) – C-Dur (Durdominante) – c-Moll (Molldominante) – f-Moll (Molltonika). Das bedeutet allerdings nicht, daß er auf die Terzbeziehung vollständig verzichtet hätte; sie wird aber auf eine formal niedrigere Ebene, auf die der Abschnitte, verlagert: Das Seitenthema im I. Satz steht (ungewöhnlich genug) in A-Dur, das Trio des III. Satzes entfaltet sich in As-Dur. Im Verhältnis zur 1. Symphonie kommen also Terz- und Quintrelationen genau umgekehrt zur Anwendung, denn dort waren die Sätze ja durch Terzen aufeinander bezogen, und die jeweils zugehörigen Dominanten wurden in Abschnitten vor- oder nachgeliefert. Ein weiteres Moment der tonalen Anlage freilich teilt die 3. mit der 1. Symphonie, nämlich das Phänomen der chromatischen Verschiebung: Dort vertrat im II. Satz ein E-Dur das eigentlich zu erwartende Es-Dur, und hier sind die abschnittsweise vorkommenden mediantischen (also die im Terzabstand stehenden) Tonarten um einen Halbton voneinander entfernt.

Richtet man nun den Blick auf die Grundtöne dieser beiden Tonarten A-Dur und As-Dur, so stellt man – wohl nicht überrascht, aber doch voller Bewunderung für die planerische Sicherheit von Brahms – fest, daß sie als kleine und große Terz genau den Unterschied zwischen der Durtonika F-Dur im I. Satz und deren Mollvariante f-Moll im IV. Satz ausmachen. Hierdurch wird zugleich der Übergang zu Einzelformen geschaffen, denn das Changieren zwischen Dur und Moll spielt in der gesamten Symphonie auch im Detail eine so große Rolle, daß man den Gegensatz zwischen den Tongeschlechtern ohne Übertreibung als – einen – Hauptgegenstand der Symphonie ansehen kann. Darauf weisen bereits die ersten Takte der Symphonie hin: Das Kernmotiv (vgl. das Notenbeispiel auf S. 75) wechselt zwischen Durtonika (Takt 1), vermindertem Septakkord der Molldominante (Takt 2) und Durtonika (Takt 3); und das anschließende Hauptthema wendet sich schon im zweiten Takt (Takt 4) dem Mollbereich zu, aus dem es sich erst in den kadenzierenden Schlußtakten 13 bis 15 vollständig lösen kann.

Das zweite Mittel zur Realisierung des fundamentalen Strebens nach Einheitlichkeit des Werkganzen bieten die Motive und Themen, das heißt die melodischen Gestalten, die gleichsam als *dramatis personae* den musikalischen Handlungsgang bestimmen. So deutlich wie selten sonst beschreitet Brahms hier den Weg, durch Verwendung derselben thematischen Bildungen (von denen vorerst ausschließlich die Rede sein soll) zwischen den verschiedenen Sätzen einen formalen Zusammenhang herzustellen.

Auf den thematischen Konnex zwischen dem Anfang und dem Schluß der Symphonie wurde bereits hingewiesen. Ebenso klar aber ist auch eine Beziehung zwischen dem II. und IV. Satz. Das Thema, das in letzterem dem Hauptthema unmittelbar folgt (Takt 18 ff.) und das dann, einem Choral ähnlich, in Durchführung und Coda wiederkehrt, wird bereits im II. Satz (Takt 41 ff.) vorweggenommen. Der Rhythmus der Melodien ist – sieht man von der Notierung in unterschiedlichen Notenwerten ab – in beiden Fällen gleich; hinsichtlich der Tonhöhen sind die Unterschiede nur geringfügig. Feinsinnig genannt zu werden verdient die instrumentale Variation der Phrasenanfänge, das heißt des Auftakts und dessen Wiederholung: Wird die Melodie im II. Satz in dem Klang (Klarinette) fortgesetzt, in dem bereits der Auftakt gespielt wurde, so wird sie im IV. von den Instrumenten vorgetragen, die den Auftakt wiederholen.

II. Satz

IV. Satz

III. Satz, Hauptthema

IV. Satz, Seitenthema

Schließlich ist noch auf eine thematische Übereinstimmung zwischen dem III. (Hauptthema, Takt 1 ff.) und dem IV. Satz (Seitenthema, Takt 52 ff.) hinzuweisen. Über die vielfältige Gemeinsamkeit von Einzelintervallen hinaus sind diese beiden Themen durch Gestik und Umriß, das heißt durch ihre ‚Hüll-kurve' oder Kontur, als prägendem Element der melodischen Gestalt miteinander verbunden. Charakteristisch sind das zweimalige Ausgreifen nach oben, wobei der Spitzenton der zweiten Phrase um eine Terz höher liegt als in der ersten, und anschließend der mehr oder minder stufenweise Abstieg zum Ausgangspunkt.

Ganz offensichtlich hat Brahms das Netz der thematischen Anknüpfung final, das heißt auf den Schlußsatz hin, ausgerich-tet; denn all die genannten, an Themen festgemachten Zu-sammenhänge bündeln sich im Finale. Das läßt unwillkürlich an Beethovens 9. Symphonie denken, in der ja bekanntlich im Finale auch und in aller Deutlichkeit auf Passagen aus den vor-angehenden drei Sätzen zurückgegriffen wird. Doch ist die funktionale Differenz, der Unterschied des formalen Sinns, unverkennbar. In der ‚Neunten' stellen die Rückgriffe Reminis-zenzen dar, die im internen musikalischen Diskurs des Finales exterritorial sind: Es sind Zitate. Bei Brahms dagegen hat allen-falls die Wiederkehr des Symphoniebeginns am Ende des Fi-nales Reminiszenz- oder Zitatcharakter. Alle anderen Bezüge bestehen zwischen thematischen Bildungen, die voll in den formalen Zusammenhang des jeweiligen Satzes integriert sind. Und gerade durch die Bedeutung, die den nahe verwandten Bildungen in dem jeweils eigenen formalen Kontext zukommt, wächst ihnen die Kraft zu, das Werk auf einer substantiellen Ebene zusammenzuschließen.

Mit dem Paar, das die 3. und 4. Symphonie – allerdings we-niger unmißverständlich als zuvor die 1. und 2. – bilden, hat Brahms zugleich eine wie auch immer geartete Bindung an Beethoven überwunden. Selbst die Rezeption, die die Erb-schaftshypothese namentlich bei der 2. Symphonie bis zum Überdruß ausreizt, hält sich bei den letzten beiden Werken der Gattung in dieser Hinsicht bemerkenswert zurück.

Die Lösung von Beethoven läßt sich an einem ganz konkreten Aspekt, an der Art der motivisch-thematischen Arbeit,
dokumentieren. Bei Beethoven beruht sie – namentlich in den
Sonatendurchführungen – vor allem auf der rhythmischen
Qualität der Motive; Brahms dagegen konzentriert sich auf die
diastematische Ebene, auf die Tonhöhen. Schlaglichtartig klar
wird das an der grundlegenden Differenz zwischen dem Motto
im I. Satz der 5. Symphonie Beethovens und dem Motto oder
Kernmotiv, mit dem Brahms seine 3. Symphonie eröffnet. Jenes
wird im wesentlichen rhythmisch charakterisiert und bestimmt
in dieser Qualität auch den gesamten Satz, dieses ist prägnant
allein in seiner intervallischen Gestalt: Die Takte 1 bis 3 haben
weder im rhythmischen Bereich Kontur, noch lassen sie überhaupt schon das Metrum erkennen: In einen gleichmäßigen
Fluß gerät die Musik erst in Takt 3.

Mit dem Kernmotiv erweitert Brahms, wie noch in mehreren
anderen Kompositionen der Spätzeit, die Sonatenform des
I. Satzes auf ganz eigentümliche Weise: Der formale Zusammenhang des Satzes wird gestärkt durch die Beziehung stiften-
de Kraft eines melodischen Gedankens, der sich nicht als Thema in metrisch gefestigter Gestalt ausprägt und somit auch
nicht formale Orte wie Haupt- oder Seitenthema besetzt, auf
die sich die Disposition der Sonatenform sonst gründet. Wohl
aber führt die intervallische Bildung des Kernmotivs wesentliche Elemente des Satzes vor, und zwar sowohl horizontal als
auch vertikal. Horizontal wird das Motiv f"–as"–f"' ausgefal-
tet, das von zentraler Bedeutung für den Satzzusammenhang
wird. Und harmonisch exponiert es – wie bereits erwähnt – den

Gegensatz zwischen den Tongeschlechtern Dur und Moll mit aller erdenklichen Deutlichkeit.

Das Motiv f"–as"–f" wird als Folge von Terz und Sext zum zentralen melodischen Gedanken. Dabei tritt es in ganz verschiedenen Funktionen hervor: als Vorbereitung und Setzung eines Anfangs, als Überleitung, als Begleitung beziehungsweise Kontrapunkt.

Nicht nur am Anfang, sondern überall, wo das Hauptthema vorkommt, wird es vom Kernmotiv eingeleitet; das Kernmotiv hat hier gewissermaßen eine ‚Doppelpunkt'-Funktion, die noch verstärkt wird, wenn das Motiv in Doppelung auftritt: Die Vorbereitung auf das Thema verläuft gleichsam in zwei Schüben (etwa am Reprisenbeginn Takt 120–123 und am Beginn der Coda Takt 181–183).

Nicht ein einziges Mal im ganzen Satz kommt das Hauptthema ohne die Vorbereitung durch das Kernmotiv vor. Allerdings wird an einer Stelle die unmittelbare Zusammengehörigkeit der beiden Gedanken gelockert, die zielgerichtete ‚Doppelpunkt'-Funktion des Kernmotivs fast ganz außer Kraft gesetzt. In der 2. Abteilung der Durchführung (Takt 101–120) wird das Kernmotiv zum Kopf einer viertaktigen Melodie (Takt 101–104, 1. Horn), die sogleich um eine Terz höher wiederholt wird (Takt 105–108, 1. Oboe und 1. Horn); erst nachdem der Schluß der Melodie kadenzierend erweitert worden ist (Takt 109–111, 1. Horn), setzt das Hauptthema mehrfach und zudem oktaviert ein.

Ist dem Kernmotiv schon in der beschriebenen Rolle als Ankündigung und Vorbereitung des Hauptthemas unverkennbar eine Bedeutung für den formalen Zusammenhang zu eigen, so wird diese Funktion noch deutlicher in der Überleitungs- und der Schlußgruppe (Takt 15–35 beziehungsweise 49–72 a). In der ersteren bestimmt das Motiv den zweiten Teil eines direkt wiederholten Achttakters (Takt 15–23, 23–31) – wenn man so will: den Nachsatz des Überleitungsthemas. In der Schlußgruppe markiert das Kernmotiv den Anfang (Takt 49–50) und wird danach zu einem wesentlichen Detail des Tonsatzes (zum Beispiel Takt 50 ff. Violine I, Horn, oder Takt 60 ff. Klarinette,

Horn): Unter Ausnützung der relativen Allgemeinheit seiner intervallischen Gestalt geht von ihm die Fortspinnung der in beide Richtungen ausgreifenden Dreiklangsbrechungen aus, die freilich auch mit dem Hauptthema in Verbindung gebracht werden können.

Sowohl in der Überleitungs- als auch in der Schlußgruppe nach Takt 50 steht das Kernmotiv nicht unmittelbar im Vordergrund des Tonsatzes. Als Begleitung oder besser als Kontrapunkt fungiert das Motiv auch bei der Exposition des Hauptthemas; zunächst wird es in der dreitönigen Ausgangsgestalt gebracht (Takt 3–5 Baß, s. das Notenbeispiel auf S. 75), dann um einen Ton erweitert (Takt 7–8, 9–10 Bläser, vgl. dazu Takt 49–50), schließlich in der viertönigen Form synkopisch versetzt (Takt 11–12 Bläser und Bratsche).

Innerhalb des durch das Kernmotiv erstellten Gerüsts vertreten Haupt- und Seitenthema (Takt 3–15 und 36–44) die Positionen, die grundlegend für den Sonatensatz sind; sie erfüllen zwar noch die formale Norm, für Gestalt und Zusammenhalt des formalen Ganzen jedoch kommt dem Kernmotiv eine weit höhere Bedeutung zu. Allerdings tragen die beiden Themen auf einer anderen Ebene zum individuellen Gepräge des Satzes in hohem Maße bei: Auf ihnen beruht die Spannweite, die den Charakter, den emotionellen Zustand der Musik, auszeichnet. Ist das Hauptthema in Fortsetzung des Kernmotivs als düster, erhaben, mit großer Geste ausholend, monumental, ganz dem Begriff des Symphonischen gemäß zu beschreiben, so schlägt das Seitenthema eher einen Serenadenton an: Seine einfache viertaktige Gestaltung, sein Verweilen auf der durchwegs festgehaltenen leeren Quinte, seine tänzerisch wiegende Bewegung und seine auf kleinen Intervallschritten beruhende Melodik stehen ganz im Gegensatz zum Hauptthema. Wie wichtig das Moment des Stimmungsgegensatzes ist, zeigt die Tatsache, daß das Seitenthema bei seiner Verarbeitung in der 1. Durchführungsabteilung (Takt 77–90) gerade in diesem Punkt verändert, nämlich dem Charakter des Hauptthemas angenähert wird.

Das Hauptthema entspricht in seiner Gliederung – wie häufig beim späten Brahms, der mehr und mehr musikalischer

Prosa zuneigte – nicht der Norm der achttaktigen Periode. Es besteht aus drei Abschnitten, von denen die beiden ersten viertaktig sind und jeweils zwei parallele Glieder besitzen, während im letzten ein Dreitakter und ein kadenzierender Zweitakter zusammengebunden sind. Dieses Thema, das Hauptthema, spielt für die motivische Verarbeitung im Satz nur eine geringe Rolle – ein im Brahmsschen Sonatensatz außerordentlich ungewöhnliches Faktum. Zwar gehen Elemente des Themas in die Gestaltungen der Schlußgruppe ein, zwar erscheint sein 1. Abschnitt auch am Schluß der Durchführung (Takt 112–120); verarbeitet wird das Thema jedoch nur in der Coda (Takt 181–224).

Die 3. ist deutlich die kürzeste unter den Symphonien von Brahms, was vor allem auf die geringen Ausmaßen der Mittelsätze zurückzuführen ist. Sie waren ursprünglich, so vermutet der Brahms-Biograph Max Kalbeck,[30] als Teil einer Bühnenmusik zu Goethes ,Faust' gedacht, zu der Brahms 1880 vom Leiter des Wiener Burgtheaters Franz Dingelstedt angeregt worden sein soll. Auf diese – freilich in vielerlei Hinsicht zweifelhafte – Herkunft könnte es zurückzuführen sein, daß ihre Gewichtung im Verhältnis zu den Außensätzen hier noch mehr zurückgenommen worden ist als in den anderen Symphonien und damit die übergreifende Dreiteiligkeit der Gesamtform noch spürbarer wird. Die unkomplizierte Formanlage, die geringfügige Rolle durchführender Passagen in Verbindung mit ihrer Kürze lassen sie eher als Intermezzi denn als Symphoniesätze wirken. „Man muß Andante und Allegretto zusammennehmen, um das Gleichgewicht zu den Außensätzen der Symphonie herzustellen; allein würde keiner von beiden dem Allegro oder Finale die Waage halten, weder dem Umfang noch dem Inhalt nach."[31]

Der II. Satz entspricht keinem vorgegebenen Formschema, sondern lehnt sich frei an die Gliederung A/B/A'/Coda an. Grund für diese eher vage Umschreibung ist die Tatsache, daß sogar die Übereinstimmung mit diesem Grundriß an einer entscheidenden Stelle vertuscht ist: Die Wiederkehr des A-Teils in Takt 85 wird dadurch verschleiert, daß das Kopfmotiv des

Hauptthemas gedehnt, mithin in metrisch abweichender Gestalt erscheint und überdies anders phrasiert ist. Der Eintritt des B-Teils (Takt 63) beziehungsweise der Coda (Takt 122) dagegen ist nach den jeweils vorausgehenden gleichen Modulationsabschnitten klar. Die formale Anlage des Satzes ist also durch lockere Reihung und freie Anlehnung an ein in nur geringem Maße verbindliches Schema gekennzeichnet.

Bemerkenswert ist das für Brahms recht ungewöhnliche Verhältnis zwischen den thematischen Gestalten. Alles beherrschend ist das Hauptthema; neben ihm kommt keiner anderen thematischen Gruppe nennenswerte Bedeutung zu, sie alle bleiben episodisch. Der Kontrastabschnitt im A-Teil (Takt 41 ff.) liefert zwar mit seinem wiederholten Anfangsauftakt (s. das Notenbeispiel auf S. 73) das Material für den Modulationsabschnitt, der die beiden A-Teile beschließt (Takt 57 ff. beziehungsweise 116 ff.); sonst aber wird er nicht verarbeitet. Im A'-Teil entfällt er sogar ganz und wird durch einen neuen episodischen Abschnitt ersetzt, der durch Fortspinnung des Hauptthemas aus dem Schlußmotiv gewonnen wird.

Bei der Verarbeitung des Hauptthemas nun zeigt Brahms seine ganze Kunst der Variation. Schon bei seiner Exposition werden die fünf Ansätze des Themas durch variative Verwandlung in eine immer neue Perspektive gerückt; hier ist einmal mehr in einem Langsamen Satz von Brahms der klangliche Gegensatz von Bläsern und Streichern bedeutungsvoll. In der Fortspinnung (Takt 24–32) wird das Thema durch eine Sechzehntelfigur in den Hintergrund gedrängt; man kann hier fast – analog zu einem strengen Variationensatz und mit Arnold Schönbergs Worten – von einem rhythmischen „Motiv der Variation" sprechen. Dies um so mehr, als sich die charakterisierende Verarbeitung durch eine rhythmische Gestalt in dem als Durchführung gestalteten B-Teil fortsetzt: Seine ersten Takte (Takt 63–76) werden von Achteltriolen bestimmt, die danach wieder von den Sechzehntelfiguren der Fortspinnung abgelöst werden. In der Coda endlich (Takt 122–134) erscheinen Motive des Hauptthemas in einer vor allem im Charakter veränderten Umgebung. Bereits durch die düsteren chromatischen

Linien der Fagotte, dann aber namentlich durch die Schlußkadenz Mollsubdominante – Durtonika wird an den Gegensatz zwischen Dur und Moll erinnert, der Gegenstand der ganzen Symphonie ist.

Von allen III. Sätzen der Brahmsschen Symphonien erfüllt der in Op. 90 am ehesten die Norm des 19. Jahrhunderts: Er ist ein Tanzsatz im Dreiertakt mit der üblichen Formanlage Hauptteil – Trio – Rekapitulation des Hauptteils – Coda. Allerdings greift er in Charakter und Bewegungsart auf einen vorbeethovenschen Typus zurück und steht dem Haydnschen Menuett näher als dem Scherzo in den Symphonien Beethovens.

Der Charakter des Poco Allegretto wird geprägt durch Melodien, deren Eingängigkeit sie – wie es scheint – als Ergebnis spontaner Erfindung ausweist. Ihrer Einfachheit entspricht die formale Anlage des Satzes, die sich auf klar abgegrenzte, melodisch bestimmte Abschnitte stützt und die sich kaum in Passagen weitergehender Verarbeitung verliert. Das zwölftaktige Hauptthema (s. das Notenbeispiel S. 82) erscheint sowohl im Hauptteil als auch in dessen Rekapitulation (Takt 99 ff.) jeweils dreimal und wird stets auf andere Weise instrumentiert. Zwischen der Wiederholung des Themas (Takt 13–24 beziehungsweise 111–122), die sich unmittelbar an seine Exposition anschließt, und seiner zweiten Wiederkehr am Ende beider Teile (Takt 41–53 beziehungsweise 139–150) steht jeweils ein kontrastierender Mittelabschnitt (Takt 24–40 beziehungsweise 122–138); er deutet mit der Sequenzierung und fortschreitenden Abspaltung eines Modells, das zwei Takte umfaßt und auf zwei Stimmen verteilt ist, eine durchführende Verarbeitung an.

Kennzeichnend für die rationale kompositorische Haltung ist die Systematik, mit der die klangliche Differenz zwischen Streichern und Bläsern für die instrumentatorische Variation zwischen Hauptteil und seiner Rekapitulation genutzt wird: Übernehmen in den ersten drei Abschnitten des Hauptteils (Takt 1–40) Streicher die Hauptstimme, so sind es in der Rekapitulation (Takt 99–138) Bläser. Und umgekehrt: Wird das

Thema im vierten Abschnitt des Hauptteils (Takt 41–53) von Bläsern gespielt, so treten in der Rekapitulation (Takt 139–150) dafür Streicher ein.

Der klangliche Unterschied zwischen Bläsern und Streichern ist auch im Trio (Takt 54 ff.) konstitutiv; hier betrifft er allerdings die Abschnitte als Ganze: Das Triothema, das seine besondere Charakteristik durch die gegen den Takt gerichteten Figuren gewinnt, wird stets von Holzbläsern bestimmt, der mehr melodisch gefügte kontrastierende Abschnitt dagegen von den Streichern. Zunächst wird dieser Abschnitt überhaupt nur von der Streichergruppe vorgetragen; bei seiner Wiederaufnahme dagegen – dabei wird er zur Rückführung zum Hauptteil umgeformt – wird der Tonsatz durch eine Bläserschicht erweitert, die das Kopfmotiv des Hauptteils vorwegnimmt und solchermaßen den folgenden Abschnitt ankündigt.

Es wurde bereits oben ein leichter Zweifel darüber angemeldet, ob sich die gleichsam volkstümliche Einfachheit der Melodik im vorliegenden Satz tatsächlich dem spontanen Einfall verdankt, und weiter gefragt: ob sie nicht vielmehr – wie schon in den Bemerkungen zur 2. Symphonie behauptet – das Resultat abwägender kompositorischer Arbeit, mithin „zweite Natur" sei. Das kann am Hauptthema des III. Satzes gezeigt werden, wenn man bereit ist, einer in jeder Hinsicht spekulativen, gewiß aber auch vergnüglichen Überlegung zu folgen. Sie geht davon aus, daß dem Thema ein – durch keinerlei Quellen belegtes, aber dem realen Volkslied sehr nahekommendes – Urbild zugrunde liegt. Der kompositorische Zugriff entzieht das Thema der Trivialität seines fiktiven Urbildes und steigert gerade dadurch den Eindruck des Natürlichen.

Denkbar wäre das Urbild der Melodie als achttaktige Periode mit viertaktigem Vorder- beziehungsweise Nachsatz; ein und dieselbe rhythmische Figur wird durchgängig beibehalten (für den Schlußtakt vgl. den der Themenmelodie in Takt 23–24; freilich könnte auch hier die rhythmische Figur von vorher eingesetzt werden):

Urbild

Endgültiges Thema

Der erste kompositorische Eingriff zielt auf Beseitigung der rhythmischen Einförmigkeit: Die Auftakte des zweiten und vierten Taktes werden um ein Achtel verschoben, sie werden niedertaktig. Der Wechsel zwischen Auftaktigkeit und Niedertaktigkeit gibt dem Vordersatz seinen besonderen Reiz; zugleich verdeutlicht er die Beziehung der Zweitakter aus Takt 1 und 2 beziehungsweise 3 und 4 als aufeinander bezogene Glieder des Vordersatzes.

Mit diesem relativ geringfügigen Eingriff beseitigt Brahms die Trivialität des Urbildes; durch ihn allein schon wird es möglich, daß die ursprüngliche rhythmische Figur im Nachsatz dreimal gebracht wird, daß der Nachsatz mithin seine einfache Gestalt beibehalten kann, ohne monoton zu wirken.

Aber Brahms greift noch an einem weiteren Punkt ein; er biegt die Kadenz beim achten Takt um und erweitert die Melodie um vier Takte. Damit wird zum einen – typisch für Brahms – die Norm der achttaktigen Periode umgangen; zum anderen aber – das ist von besonderer Bedeutung – bekommt das Thema durch die Art der Erweiterung ein individuelles Gesicht. Zuvor wird trotz jenes Eingriffs und der damit verbundenen dynamischen Belebung durch Schweller mit Höhepunkt auf Takt 2 und 4 eine gewisse Starrheit der Bewegung deutlich. Das hat seinen Grund vor allem in der Einförmigkeit des Basses, der jeweils nur auf dem Schwerpunkt der Takte anschlägt, und – damit verbunden – in der stets gleichen Geltungsdauer der Harmonien. Jetzt aber schreitet der Baß in Achteln fort, und die harmonische Bewegung wird vielfältiger: Die Musik beginnt zu schwingen.

Der IV. Satz stellt hinsichtlich der Anordnung der Themen und der harmonischen Anlage eine für Brahms typische Modifikation der Sonatenform dar, die sich besonders häufig in Schlußsätzen zyklischer Kompositionen findet. Modell dafür ist vor allem das Finale der 1. Symphonie, aber auch Elemente aus dem Schlußsatz der 2. lassen sich nachweisen; ein weiteres Beispiel für den Formtypus bietet die ,Tragische Ouvertüre', Op. 81. Er ist dadurch gekennzeichnet, daß einzelne Abweichungen wie Anspielungen wirken, sei es auf andere Formtypen – etwa die Rondosonate –, sei es auf überholte Merkmale der Form aus einer älteren historischen Stufe – etwa auf die Wiederholung der Exposition in der Sonatenform –, sei es auf eine gänzlich individuelle Formgestaltung. Dennoch bleibt das differenzierte Formschema der Sonate als Folie, vor der sich alles andere abhebt, und als Grundlage der kompositorischen Gestaltung erhalten.

Die Möglichkeit zu einer solchen Vieldeutigkeit der Form eröffnet sich Brahms durch die Gestaltung der Hauptsatzgruppe der Exposition. Sie ist dreiteilig mit zwei einander entsprechenden Außengliedern (Takt 1–17 gedoppeltes Hauptthema; Takt 30–52 zur Überleitung umgeformte Wiederaufnahme des Hauptthemas) und einem thematisch prägnanten kontrastierenden Mittelglied (Takt 18–29). Mit dem Hauptthema selbst, das wie in den Finalsätzen der 1. und 2. Symphonie – und wie im Rondo – in der Tonika steht, beginnt die Durchführung (Takt 108 ff.); mit der umgeformten Wiederaufnahme dagegen setzt die Reprise (Takt 172 ff.) ein. Was sich zwischen diesen beiden Hauptthemaeinsätzen abspielt, ist nichts anderes als die durchführende Ausspinnung der ersten beiden Hauptsatzglieder: In Takt 108–148 wird das Hauptthema verarbeitet, in Takt 149–171 der Choral des Kontrastthemas. Die Durchführung geht also aus einer Projektion von einer niederen auf eine höhere Formebene unter Wahrung der Reihenfolge der thematischen Gegenstände hervor. Einer solchen Parallelität schließt sich die zwischen Exposition beziehungsweise Reprise übliche Verwandtschaft von Seitensatz (Takt 52 ff. beziehungsweise 194 ff.) und Schlußgruppe an (Takt 70 ff. beziehungsweise 212 ff.). Doch Brahms setzt nochmals mit der nun schon zweimal durchlaufenen gleichbleibenden Reihung des thematischen Materials ein und unterstreicht damit die mit voller Bewußtheit gewählte individuelle Formanlage: Der erste Abschnitt der Coda (Takt 250–280) ist wiederum dem Hauptthema, der zweite (Takt 280–296) dem Choral gewidmet.

Ohne ihre ganz und gar gelungene individuelle Gestalt in Frage zu stellen, also nur mit Blick auf den Fortgang des Brahmsschen Komponierens, sei gesagt, daß die 3. Symphonie in der Reihe der Orchesterkompositionen von Brahms eine Übergangsphase, genauer: die Vorbereitungsphase auf den Spätstil vertritt. Dieser zeichnet sich durch das konzessionslose Hervortreten des Artifiziellen, durch die tiefgreifende Durchbildung des musikalischen Details aus, die keine Rücksicht auf Schlagkraft und leichte Wahrnehmbarkeit nimmt, verkürzt gesagt: durch die unverstellte Verwirklichung von Brahms' kammermusikalischem Kompositionsideal. In der Reihe der Symphonien wird dieser zum Spätstil führende Weg ohne Umschweife durchschritten: Finden die 1. und die 2. Symphonie – letztere allerdings schon weniger – noch einen Ausgleich zwischen der kammermusikalischen Ausrichtung ihres Komponisten und dem monumentalen, auf direkte Verständlichkeit zielenden Anspruch der Gattung, und wird in der 4. der Widerspruch zwischen Gattungsbegriff und kammermusikalischer Gestaltung offenbar, so kann bei der 3. Symphonie mit Blick auf diesen Aspekt im Verlauf des Werks selbst eine Entwicklung beobachtet werden. Einen Fingerzeig dafür geben schon die Anfänge des I. und des IV. Satzes: Entspricht das Hauptthema im Kopfsatz durchaus noch der Vorstellung von Monumentalität des Klangapparats, die mit dem Begriff ‚Symphonie' verbunden ist, so wird es im Finale schon ganz in die Klang- und Satzdimension von Kammermusik zurückgenommen, die dann für die 4. Symphonie prägend werden sollte.

V. Retrospektive und rigoroser Spätstil

4. Symphonie e-Moll, Opus 98

- Entstehung: Während der Sommeraufenthalte 1884 (I., II. Satz) und 1885 (III., IV. Satz) in Mürzzuschlag (Steiermark).

- Uraufführung: 25. Oktober 1885 in Meiningen unter Leitung von Brahms.

- Arrangements für Klavier zu vier Händen sowie für zwei Klaviere vom Komponisten.

- Erstausgabe: Mai 1886 (Arrangement für zwei Klaviere), Oktober 1886 (Partitur und Stimmen) beziehungsweise Januar 1887 (Arrangement für Klavier zu vier Händen) im Verlag N. Simrock, Berlin.

- Besetzung: Piccoloflöte (nur III. Satz), 2 Flöten, 2 Oboen, 2 Klarinetten, 2 Fagotte, Kontrafagott (nur III. und IV. Satz); 4 Hörner, 2 Trompeten, 3 Posaunen (nur IV. Satz); Pauken, Triangel (nur III. Satz); Violine I, Violine II, Bratsche, Violoncello, Kontrabaß.

- I. Satz: e-Moll. Allegro non troppo, ¢. 440 Takte.

- II. Satz: E-Dur. Andante moderato, 6/8. 118 Takte.

- III. Satz: C-Dur. Allegro giocoso, 2/4. 357 Takte.

- IV. Satz: e-Moll – E-Dur (Takt 105) – e-Moll (Takt 129). Allegro energico e passionato – Più Allegro (Takt 253), 3/4 – 3/2 (Takt 97) – e-Moll (Takt 129). 311 Takte.

Am 31. [sic!] September 1885 schreibt Elisabet von Herzogenberg, eine kluge und mit seiner Musik gründlich vertraute Freundin an Brahms:[32]

„Es geht mir eigen mit dem Stück; je tiefer ich hineingucke, je mehr vertieft auch der Satz sich, je mehr Sterne tauchen auf in der dämmrigen Helle, die die leuchtenden Punkte erst verbirgt, je mehr einzelne Freuden habe ich, erwartete und überraschende, und um so deutlicher wird auch der durchgehende Zug, der aus der Vielheit eine Einheit macht. [...] und so viel steckt darin, daß man gleichsam wie ein Entdecker und Naturforscher frohlockt, wenn man Ihnen auf alle Schliche Ihrer Schöpfung kommt!

Aber da ist auch der Punkt, wo ein gewisser Zweifel anhakt, der Punkt, den mir selber ganz klarzumachen mir so schwer wird, geschweige denn, daß ich 'was Vernünftiges darüber vorzubringen wüßte. Es ist mir, als wenn eben diese Schöpfung zu sehr auf das Auge des Mikroskopikers berechnet wäre, als wenn nicht für jeden einfachen Liebhaber die Schönheiten alle offen da lägen, und als wäre es eine kleine Welt für die Klugen und Wissenden, an der das Volk, das im Dunkeln wandelt, nur einen schwachen Anteil haben könnte. Ich habe eine Menge Stellen erst mit den Augen entdeckt und mir gestehen müssen, daß ich sie nur mit den Ohren meines Verstandes, nicht mit den sinnlichen und gemütlichen aufgefaßt hätte, wenn mir die Augen nicht zu Hilfe gekommen wären."

Bereits die Zeitgenossen also, jedenfalls so – im wahrsten Sinne des Wortes – einsichtige wie Elisabet von Herzogenberg, haben bemerkt, daß Brahms' Streben, aus „der Vielheit eine Einheit" zu machen, sich nicht nur an der musikalischen Oberfläche abspielt. Die Beziehungen, die er stiftet, können vielmehr bis in die kleinsten und hörend kaum wahrnehmbaren Verzweigungen des Tonsatzes ausgreifen, sind gleichsam subkutan, und es bedarf in der Tat des Instruments eines „Mikroskopikers", um sie aufzuspüren und damit nicht nur die Kompositionsweise des späten Brahms angemessen erkennen zu können, sondern auch dem intern musikalischen Sinn jedes einzelnen Werks gerecht zu werden.

Der folgende Abschnitt stellt den Versuch dar, in den Beziehungszauber der Kompositionen aus Brahms' Spätwerk wenigstens ein Stück weit einzuführen; denn die Verbindungen, die Brahms innerhalb der entscheidenden formtragenden Ebenen, der harmonischen einerseits und der motivisch-thematischen andererseits, sowie zwischen diesen beiden zu schaffen vermag, sind so vielfältig, daß sie ganze Bücher zu füllen vermögen. Hier sollen nur die wichtigsten, für die 4. Symphonie wesentlichen Beziehungen beschrieben werden, und dies auch mit dem Angebot, den Leser ein wenig an dem „Frohlocken" teilhaben zu lassen, das der musikwissenschaftliche „Entdecker" empfindet, wenn er Brahms „auf die Schliche kommt". Die Aspekte, um die es geht, wurden bereits angeführt: die harmonische Anlage des Werkganzen, deren Verbindung mit der motivisch-thematischen Formulierung sowie die zweifache Art der Beziehungsstiftung im motivisch-thematischen Bereich, der subkutanen, im Inneren des Tonsatzes versteckten, und der offen an der musikalischen Oberfläche zutage liegenden. Dabei fällt die Ökonomie auf, mit der Brahms hinsichtlich seiner musikalischen Gedanken verfährt; Sparsamkeit aber, ein grundbürgerliches Verhaltensmuster, ist nichts anderes als die Kehrseite der übergreifenden Vermittlung: Je öfter man innerhalb des Beziehungsnetzes auf ein und dieselbe formale Gestalt zurückgreift, desto weniger unterschiedliche Gedanken werden erforderlich sein, um einen musikalischen Diskurs von einigem Umfang durchhalten zu können. Nicht zuletzt dies hat Brahms den Vorwurf der Einfallslosigkeit eingebracht, und dem Anfang des Hauptthemas im I. Satz der 4. Symphonie hat man boshafterweise den Text: „Mir fällt schon wieder gar nichts ein" unterlegt.

Das Prinzip der Ökonomie tritt besonders deutlich hervor, wenn man den Blick auf die Tonarten der vier Sätze richtet: e-Moll, C-Dur, E-Dur, e-Moll. Wie schon in der 3. Symphonie orientiert Brahms die tonale Anlage der Sätze an nur zwei Grundtönen: e und c; anders aber als dort wird der Wechsel der Tongeschlechter Moll und Dur nicht auf beide, sondern lediglich auf den Zentralton des Ganzen e angewendet. Das Intervall zwischen den beiden Grundtönen ist in der 3. Symphonie eine Quart, hier dagegen eine Terz, eine Intervallrelation, die bereits für die Tonartendisposition der 1. und 2. Symphonie maßgebend war.

Auf die 1. Symphonie bezogen ist vor allem das Verfahren,

die Folge der Tonika-Dreiklänge einer individuellen Planung zu unterwerfen, und wiederum ist es die Identität beziehungsweise die chromatische Verschiebung der Einzeltöne, die der Systematik zugrunde liegt. War aber in der 1. Symphonie in dieser Hinsicht eine lineare Fortschreitung zu beobachten, so hält sich Brahms hier an das Prinzip der Symmetrie: Bei der chromatischen Verschiebung realisiert sie sich in der Zahlenfolge 1 – 2 – 1 Töne, hinsichtlich der Identität in der Folge 2 – 1 – 2 Töne. Durchwegs beibehalten wird der Zentralton e.

Man könnte fast meinen, Brahms hätte dieses Notenbeispiel vor Augen gehabt, als er die vier Takte komponierte, die den II. Satz eröffnen und von Takt 113 an auch beschließen. Denn ihren Rahmen bilden die exakten Tonhöhen, die hier für die Tonika-Dreiklänge des III. und II. Satzes stehen.

Zentralton, Anfangs- und Endton dieser Melodie ist e', Terzzüge in stets gleichem Rhythmus zielen auf die symmetrisch um e' gruppierten Grenztöne c' und g'. Zentralton und Grenztöne zusammen bilden einen C-Dur-Dreikang. In Takt 4 nun wird dieser von Zentralton und Grenztönen abgesteckte Tonraum in beiden Richtungen um einen Halbton gespreizt: Es erklingt der Quartsextakkord von E-Dur:

Als Detail hervorgehoben wird der Takt 4 sowohl durch die Erweiterung der einstimmigen Melodie zur Harmonie, zum Akkord, als auch dadurch, daß der Quartsextakkord hier in durchaus ungewöhnlicher Weise herausgestellt wird.

Deutlich betont wird bereits hier die Vermittlung zwischen dem harmonischen und dem motivisch-thematischen Bereich: Die Akkordfolge der Tonika-Dreiklänge des III. und II. Satzes wird zur Grundlage einer thematischen Melodie beziehungsweise von deren Beschluß. Eine noch fundamentalere Bedeutung hat das Ineinssetzen von Harmoniefolge und Melodiebildung am Anfang der Symphonie. Das Hauptthema des I. Satzes hebt mit einer Phrase an, die den Tonvorrat des Molldreiklangs von e-Moll plus kleine Sekunde über der Quinte verwendet; dieser Tonvorrat entspricht exakt demjenigen der beiden Tonika-Dreiklänge im IV. und III. Satz zusammengenommen.

An den gleichen Tonvorrat wie der Anfang des Hauptthemas: Dreiklang plus kleine Sekunde, hält sich nun auch der Kopf des Seitenthemas, das heißt des thematischen Gedankens, der den zweiten für die Sonatenform konstitutiven Formabschnitt repräsentiert; beide für die Form grundlegenden Themen erwachsen also aus derselben Intervallkonstellation. Die variativen Modifikationen sind geringfügig: Der Tonvorrat als Ganzer ist um einen Ganzton nach oben transponiert, der Dreiklang enthält eine große Terz, und der Grundton wird auch in seiner Oktavversetzung nach oben verwendet:

Der oben wiedergegebene Anfang des Hauptthemas im I. Satz signalisiert nun einen allgemeineren Zusammenhang, der zentral ist für die gesamte Symphonie und über diese hinaus. Jener Tonvorrat (Dreiklang plus Sekunde) kann – in einer Richtung gelesen – als Terzenkette aufgefaßt werden: h – g – e – c. Und für die Struktur der ersten acht Takte des Hauptthemas sind die Tonfolgen von entscheidender Bedeutung, die strukturell, nicht notwendigerweise auch an der musikalischen Oberfläche, Terzenketten bilden: Der erste Abschnitt des Themas, das heißt der erste Viertakter, gründet sich auf eine fallende Terzenkette von sieben Gliedern, der zweite Abschnitt, das heißt der zweite Viertakter, auf zwei aufsteigende Terzenketten, die je drei Glieder umfassen:

I. Abschnitt

II. Abschnitt

Solche Terzenketten als Grundlage zentraler thematischer Gedanken spielen im Spätwerk von Brahms eine besonders auffällige Rolle: Sie finden sich, um nur zwei Beispiele zu nennen, sowohl zu Beginn des dritten der ‚Vier ernsten Gesänge‘, Op. 121, als auch im Hauptthema des I. Satzes in der Klarinettensonate, Op. 120, 1, wieder. In der vorliegenden Symphonie stiften sie unter vielen anderen zunächst eine weitere Beziehung zwischen Haupt- und Seitenthema: Vom fünften Takt an bis zu ihrem Ende (Takt 57–72) wird die Seitenthema-Melodie von einer zweitaktigen Baßfigur aus vier fallenden Terzen begleitet. Noch wichtiger scheint die satzübergreifende Beziehung zu sein, die die Terzenketten zur Passacaglia des IV. Satzes herstellen: Die XXIX. und XXX. Variation (Takt 233–252) erhalten durch sie ihr charakteristisches Gepräge:

Alle bislang angeführten Beispiele betreffen Beziehungen, die mehr oder minder an der musikalischen Oberfläche bestehen und bei konzentriertem Hören sehr wohl wahrgenommen werden können. Das vorangehende Notenbeispiel indes weist den Weg zu dem Bereich, der oben als ,subkutane Beziehungen' angesprochen wurde. Denn in der Baßstimme ab Takt 241, die am Anfang so deutlich von der Terzenverkettung geprägt ist, wird zugleich das Thema der Passacaglia aufgehoben: Ihre Töne stehen zwar fast durchwegs auf dem Taktschwerpunkt, werden aber in der Lage so weit auseinandergezogen, daß ihr thematischer Zusammenhang vielleicht gespürt wird, hörend aber kaum deutlich wahrnehmbar sein dürfte. Erst vom fünften Takt an tritt das Passacaglia-Thema wieder klar in den Vordergrund.

Als gänzlich subkutan schließlich darf die Beziehung gelten, die vom Passacaglia-Thema zurück zum I. Satz gestiftet wird: Seine Töne nämlich geben dem dritten und vierten Abschnitt des Hauptthemas – erst im Baß, dann in der Oberstimme – ein Gerüst (die Töne sind im folgenden Notenbeispiel mit Pfeilen markiert), das zwar für den Blick des „Mikroskopikers" unverkennbar ist, dessen Zusammenhang aber namentlich durch Zwischentöne für den bloß hörenden Zugang verstellt bleibt.

III. Abschnitt

IV. Abschnitt

Mit der 4. Symphonie hat Brahms eine Position erreicht, die dem von Beethoven abgeleiteten Begriff der Gattung im 19. Jahrhundert deutlich zuwiderläuft. „In Beethovens Symphonie", so schreibt Theodor W. Adorno,[33] „tritt die Detailarbeit, der latente Reichtum an Binnenformen und Gestalten, vor der rhythmisch-metrischen Schlagkraft zurück." Genau dem aber widerspricht die Brahmssche Symphonik, insbesondere in Gestalt der 4. Symphonie. Hier stehen – und das dürften die Beispiele deutlich gemacht haben – der fast kammermusikalische Reichtum an durchgeformten Einzelheiten, die große Fülle an Detailbeziehungen, das stete Changieren der funktionellen Bedeutung der Einzelheiten einer einschichtigen Wahrnehmungsform entgegen. Brahms zieht sich auf die Arbeit am Detail, auf die konzentrierte Durchbildung des Tonsatzes, auf das Innere der Musik und damit auf eine der Kammermusik adäquate kompositorische Haltung zurück, welche die Schlagkraft des großen Apparats zwar nicht verschmäht, deren eigenständige Qualität aber eher gering schätzt.

Daß diese ästhetische Haltung, auf die die vorangehenden Symphonien ohne Umweg zusteuern, dann Geschichte gemacht hat, konnte Brahms nicht ahnen und lag auch gewiß nicht in seiner Absicht. Sein Standpunkt, der im Widerspruch zur Geschichtsphilosophie seiner Zeit stand, veranlaßte ihn vielmehr dazu, die Konzeption einer ‚dauernden', handwerklich hochstehenden und musikalisch in sich stimmigen Musik zu realisieren, die dem Wandel der Zeiten zu trotzen vermag. Darauf verweist die 4. Symphonie mit allem Nachdruck, indem Brahms hier zweimal – und erstmals in seinen Symphonien – das große Vorbild Johann Sebastian Bach ins Spiel bringt, der ihm als der beste Beleg für seine ästhetische Auffassung galt. Eher noch versteckt, übernimmt das zweite Thema des II. Satzes nur wenig modifiziert den Anfang der Aria ‚Gottes Engel weichen nie‘ aus der Kantate BWV 149 ‚Man singet mit Freuden vom Sieg‘:

Bach (transponiert)

Brahms

Und als Schlußstein seines symphonischen Œuvres zitiert Brahms, der als Subskribent der Alten Bach-Ausgabe mit dessen Werk bestens vertraut war, mit dem Passacaglia-Thema im Finale den Schlußchor der Kantate BWV 150 ‚Nach dir, Herr, verlanget mich‘. Auch dieser Satz ist eine Ciacona, und sein Thema wird von Brahms lediglich um eine chromatische Zwischenstufe bereichert.

Bach

Im I. Satz der 4. Symphonie zieht Brahms die extreme Konsequenz aus der Entwicklung, die die Sonatenform unter seinen Händen genommen hatte: Die Allgegenwart der motivischen Vermittlung und die daraus resultierende Angleichung der Formteile hinsichtlich ihres Tonsatzzustands aneinander führen ihn dazu, den gesamten Satz mit einem Netzwerk von insgesamt drei variativen Entwicklungszügen zu überspannen. Anders gesagt: Das beibehaltene Gehäuse des formalen Schemas wird gefüllt mit drei ineinander verschränkten Beziehungssträngen, deren Stationen in allen Formteilen ohne Rücksicht auf deren herkömmliche formale Funktion darin Platz finden:

Formteile	1. Entwicklungszug	2. Entwicklungszug	3. Entwicklungszug
Exposition	Takt 1–19: Hauptthema Takt 19–53: I. Variation des Hauptthemas	(Takt 1–19: Hauptthema)	
			Takt 53–57 bzw. 73–87 im Seitensatz Takt 107–114: Erster Abschnitt der Schlußgruppe Takt 114–125: Zweiter Abschnitt der Schlußgruppe Takt 125–135: Dritter Abschnitt der Schlußgruppe
Durchführung 1. Abteilung		Takt 145–157: II. Variation des Hauptthemas Takt 157–168: III. Variation des Hauptthemas Takt 169–184: IV. Variation des Hauptthemas	
2. Abteilung			Takt 184–192: Anfangsabschnitt Takt 202–219: Schlußabschnitt
Reprise			Takt 369–393: Letzter Abschnitt der Schlußgruppe
Coda	Takt 394–440: VI. Variation des Hauptthemas		

Dem formalen Schema der Sonatenform, das – wie gesagt – unangetastet bleibt, wird durch die folgende Disposition entsprochen: Exposition Takt 1–136 (Hauptsatz 1–53, Seitensatz 53–107, Schlußgruppe 107–136); Durchführung Takt 137–246; Reprise Takt 246–393 (Hauptsatz 246–297, Seitensatz 297–351, Schlußgruppe 351–393); Coda Takt 394–440. Daß indes den inhaltlichen Implikationen, die der Form herkömmlicherweise zukamen, nicht Rechnung getragen wurde, zeigt sich an der Gestaltung dreier wichtiger Nahtstellen, jeweils dem Beginn von Durchführung, Reprise und Coda.

Es wurde bereits darauf hingewiesen, daß die harmonische Disposition des Finales der 1. Symphonie auch im vorliegenden Satz seine Spuren hinterlassen hat. Tatsächlich erscheint auch hier am Beginn der Durchführung (Takt 145 ff.) das Hauptthema – gegen die Tradition – in der Tonika. Freilich hat die Abweichung hier eine andere Funktion; sie bringt nicht wie dort ein Moment der Rondoform ins Spiel, sondern stellt den Ausgangspunkt des zweiten, vom Hauptthema ausgehenden Entwicklungszuges dar. Klar jedoch wird daran die gewandelte Gewichtung der formtragenden Ebenen. Die Harmonik ist nicht mehr grundlegend für die Formbildung, die Durchführung nicht mehr Austragungsort des in der Exposition angelegten harmonischen Konflikts, der in der Reprise mit dem endlichen Erreichen der Tonika seine Lösung fände. Davon wird namentlich der Reprisenbeginn geschwächt; und wie in den vorangehenden Symphonien gestaltet Brahms diesen formalen Ort nicht als emphatisch angestrebtes Ziel, sondern versteckt, verschleiert ihn: Die Musik steigert sich nicht zum Reprisenbeginn, sondern versickert, bleibt fast stehen (bis Takt 246), dehnt den Hauptthema-Anfang zu breiten Klangflächen (Takt 247–258) und beginnt erst mit dem neunten Ton des Themas (Auftakt zu Takt 259) wieder im Ausgangsmetrum zu schwingen. Doch Brahms verzichtet nicht auf die dynamische Qualität eines Kulminationspunktes der Form, die herkömmlicherweise dem Reprisenbeginn zukam. Er verschiebt sie aber an den Beginn der Coda, verlegt also den dynamischen Höhepunkt an das Ende des Satzes und damit an das Ziel der alles umgreifenden Variation. Die Form ist mithin in besonderer Weise final ausgerichtet.

Tatsächlich ist die Coda (Takt 394–440) auch hinsichtlich ihrer Gestalt Ziel eines Entwicklungszuges (des ersten), der die gesamte Form umgreift. Sie geht aus von der Exposition des Hauptthemas und gelangt in der Passage, die dem Hauptthema unmittelbar folgt (Takt 19–53), zu einer ersten Station (die in der Reprise verkürzt wird); an sie knüpft die Coda in ihrer Formulierung lückenlos an. Der Entwicklungszug hält so den gesamten Formverlauf durch einen Rahmen zusammen, der vom Hauptsatz der Exposition einerseits und von der Coda andererseits gebildet wird; daß die beiden Rahmenteile mit 53 beziehungsweise 47 Takten sogar annähernd gleich lang sind, zeigt Brahms' Sinn für Proportionen innerhalb eines an architektonische Prinzipien angelehnten Dispositionsverfahrens.

Dem architektonischen Formprinzip gemäß ist auch die Durchführung gegliedert. In deutlicher Opposition zum Entwicklungsprinzip, das für diesen Formteil traditionell charakteristisch war, ist sie symmetrisch in drei Abteilungen gegliedert: Die erste (Takt 137–184) und dritte (Takt 219–246) haben das Hauptthema, die zweite (Takt 184–219) vornehmlich das Seitenthema zum Gegenstand. Allerdings sind die Abteilungen in sich jeweils auf andere Weise strukturiert. Die erste führt – nach der Vorbereitung in Takt 137–144 – mit den Abschnitten Takt 145–157, 157–168 und 169–184 den wiederum dreigliedrigen zweiten Entwicklungszug aus, der sich auf das Hauptthema gründet. Die dritte Abteilung variiert das Hauptthema aufs neue, gehört aber keinem der genannten Entwicklungszüge an. Im Mittelabschnitt schließlich kommt – auf der niedrigsten formalen Ebene – wieder die dreigliedrige symmetrische Disposition zur Geltung: Die Außenglieder (Takt 184–192 beziehungsweise 202–219), die sich an Material aus dem Seitenthema halten, umschließen ein kontrastierendes Mittelglied (Takt 192–202), das in den Holzbläsern – nun aus großer Distanz – an das Hauptthema erinnert.

Im Gegensatz zur Vielfalt der Verarbeitungsstränge, die das Hauptthema betreffen, kann man den Entwicklungszug, dessen Gegenstand das Seitensatz-Hauptmotiv ist, als einlinig bezeichnen. Zu unterscheiden sind die beiden das motivische Material exponierenden Abschnitte Takt 53–57 beziehungsweise Takt 73–87 von dem eigentlichen Entwicklungszug. Er setzt ein mit dem ersten Abschnitt der Schlußgruppe (Takt 107–114), wird in deren zweitem und drittem Abschnitt (Takt 114–125 und 125–135) sowie in den Rahmenabschnitten der zweiten Durchführungsabteilung (Takt 184–192 und 202–219) fortgeführt und vom letzten Abschnitt der Schlußgruppe in der Reprise (Takt 369–393), in dem der entsprechende Abschnitt der Exposition (ab Takt 125) anders gefaßt wird, beschlossen.

Auch der II. Satz folgt in der Anordnung der Themen und in der harmonischen Disposition der Sonatenform. Daß es dennoch kaum sinnvoll ist, von einem Sonatensatz zu sprechen – wiewohl das in der Brahms-Literatur durchaus geschieht –, hat zum ersten seinen Grund darin, daß der Satz keine Durchführung von einiger Dimension aufweist; die Existenz eines solchen Formteils aber, in dem die motivisch-thematische Arbeit dominiert, ist selbst in dem so weitgehend modifizierten Brahmsschen Typus des Sonatensatzes Bedingung. Zum zweiten ginge die Klassifizierung als Sonatenform sowohl an dem Anspruch des Satzes – er repräsentiert nicht den hohen Stil dieser Form – als auch an dem Prinzip der lockeren Reihung vorbei, die seine formale Gestalt bestimmt. Hier geht es nicht um die ‚logische‘ Auflösung von Widersprüchen und Gegensätzen, sondern um das ungebundene Alternieren von fester gefügten Abschnitten, den beiden Themen (Takt 5–13 beziehungsweise 41–50) und deren Wiederaufnahmen (I. Thema Takt 22–30 und 64–72; II. Thema Takt 88–96), einerseits und locker gefügten Abschnitten andererseits, die – bestimmt von allerdings kaum je sehr weit ausgreifender Verarbeitung – eher überleitenden Charakter haben, als zu durchführenden Abschnitten ausgebildet sind. Einen Rahmen geben zwei aufeinander bezogene Abschnitte (Takt 1–4 und 113–118), die relativ fest gestaltet sind und hinsichtlich ihrer formalen Funktion auch recht eigenständig einen Anfang und Schluß bilden. Motivisch freilich nimmt die erste Rahmengruppe das Kopfmotiv beziehungsweise das rhythmische Motiv des I. Themas insgesamt gleichsam als Motto vorweg, ähnlich wie die Vorbereitungstakte vor dem II. Thema (Takt 36–40) auf der Melodie von dessen beiden Anfangstakten – zu einem halben Takt in gleichmäßigen Sechzehnteltriolen verkürzt – sequenzierend insistieren.

Ein wesentliches Charakteristikum des Satzes ist – wie häufig in Langsamen Sätzen von Brahms – die Instrumentation, genauer: das Ausnutzen der klanglichen Differenz zwischen Bläsern und Streichern. Vergleichbar dem Langsamen Satz des Violinkonzerts Op. 77, dominieren hier zunächst die Bläser: In der Rahmengruppe spielen sie unter Führung der Hörner allein, danach werden sie als Hauptsache lediglich durch die Pizzicati der Streicher gestützt. Erst in Takt 30, das heißt nach der variierten Wiederaufnahme des I. Themas, setzen die Streicher, und zwar zunächst nur die Violinen, *coll' arco* ein. Aber Brahms nützt die Farbe nicht allein als Merkmal des Anfangs, sondern erzielt darüber hinaus in der Differenz Bläser-/ Streicherklang auch einen charakteristischen Unterschied zwischen den beiden Themen: Wird das I. bei seiner Exposition und variierten Wiederaufnahme von der Bläserfarbe bestimmt, so erklingt das II. Thema beide Male in sattem Streicherklang. Ort der Vermittlung hinsichtlich dieses Aspekts ist das dritte Auftreten des I. Themas, der Reprisenbeginn (Takt 64ff.): Zum Thema, das von der geteilten Bratschengruppe gespielt wird, treten die Pizzicati der anderen Streicher als Stütze, die schmelzenden Bläserfiguren als Begleitung und die Bläserakkorde als dynamisch belebte Färbung hinzu.

Der III. Satz steht an der Stelle, an der bei der Norm der viersätzigen Symphonie des 19. Jahrhunderts das Scherzo seinen Platz hat. Er ist aber weder in Takt- und Bewegungsart ein Scherzo, noch entspricht seine Formdisposition der eines Tanzes mit Trio. Trotzdem tritt als Satzcharakter das Tänzerische, das Scherzando, das Burleske in großer Vielfalt und zuweilen krasser Deutlichkeit hervor.

Die Skala der Charaktere reicht vom buffonesk Lärmenden bis hin zum graziös Rokokohaften. Für den zweiten Ausdrucksbereich steht namentlich das Seitenthema (Takt 52 ff.), für den ersten – und von ihm ist der Satz überwiegend geprägt – das Hauptthema. Freilich trägt auch die Einbeziehung so ‚extremer‘ Instrumente wie Piccoloflöte, Kontrafagott und Triangel zum Satzcharakter bei.

Die unterschiedlich gestalteten drei Abschnitte des Hauptthemas geben das Detailmaterial vor, das für den gesamten Satz und seinen überwiegend burlesken Gestus bestimmend ist. Sie unterscheiden sich voneinander nicht nur durch die kleinsten Werte der Bewegung (Achtel, Sechzehntel, Achteltriolen), sondern vor allem durch Merkmale, die den Eindruck des Widerborstigen, des gegen den Strich Gehenden hervorrufen: so in Takt 1–6 die gegen den Takt gerichtete Artikulation sowie die akzentuierte Überdehnung des fünften Takts, in Takt 6–10 die nachklappernden Tonwiederholungen und schließlich in Takt 10–17 die gegen das Metrum gesetzten rhythmischen Schwerpunkte sowie der grell hervortretende ‚militärische‘ Gestus.

Die Form des Satzes ist wiederum der Sonatenform nahe, sie entspricht in vielen Punkten der des I. Satzes. Auch hier ist der Reprisenbeginn (Takt 199) entgegen der Norm nicht als Ziel einer Steigerung ausgeführt worden, sondern bricht völlig unvorbereitet hervor; die Wirkung des Abrupten, Überraschenden wird noch dadurch verstärkt, daß die Reprise erst mit dem lärmenden dritten Abschnitt des Hauptthemas einsetzt. Und wie im I. Satz am Beginn der Coda, so wird hier erst im Verlauf dieses Formteils die Wirkung des normativen Reprisenbeginns nachgeholt: Die ausgedehnte Steigerung von Takt 282 an zielt auf den emphatisch vorbereiteten Themeneinsatz in Takt 311.

Allerdings entfernt sich der III. Satz noch weiter als der I. von der Norm der Sonatenform und nähert sich dem Sonatenrondo. So setzt am Durchführungsbeginn (Takt 89) das Hauptthema wiederum in der Tonika ein, und in der Coda erscheint das Thema nochmals als Ganzes. Man könnte also jeweils die Hauptsatzgruppen als Refrains ansehen; die Seitensatzgruppen (Takt 52 ff. und Takt 247 ff.) bildeten dann das erste beziehungsweise dritte Couplet, das zweite wäre in den Durchführungsabschnitten untergebracht. Bemerkenswert jedoch ist eine weitere Abweichung, die auch mit der harmonischen Disposition des Sonatenrondos nicht voll übereinstimmt: Der Seitensatz erscheint in der Reprise zwar um eine Quinte tiefer als in der Exposition; als Tonarten treten aber nicht die Dominante und Tonika, also die Tonarten in der dritten und fünften Stufe, sondern die Tonika und Subdominante hervor. Im Zusammenhang damit geht auch das Hauptthema bei seinem letzten Auftreten (Takt 311ff.) von der Subdominante aus.

Bereits im I. Satz deutet Brahms an, welche zentrale Bedeutung die variative Umformung als Verarbeitungsprinzip für sein Komponieren hat. Und im IV. Satz führt er – das einzige Mal innerhalb der Symphonien – auch das formale Konzept der Variationen-Folge aus, für das jenes Verarbeitungsprinzip grundlegend ist und das in seinem Œuvre – in vollständigen Kompositionen, aber auch in Sätzen zyklischer Instrumentalwerke – eine so eminente Rolle spielt: Er gilt zu Recht als Meister der Variationenkunst.

Wie schon am Ende der ‚Haydn-Variationen‘ greift Brahms am Ende seines symphonischen Komponierens mit der Passacaglia auf einen barocken Typ der Reihungsform zurück, dessen Besonderheit die Beibehaltung des Basses beziehungsweise – kaum davon zu trennen – des harmonischen Gerüsts bei den einzelnen Gliedern der Form ist. Allerdings wird hier das Thema nicht als Baß exponiert; erst in der IV. Variation (Takt 33–40) übernimmt es diese Funktion und behält sie danach, wenn auch nicht ständig, so doch überwiegend bei. Strikt beibehalten dagegen wird die Achttaktigkeit der Themenexposition mit Ausnahme der letzten in allen 30 Variationen; der Taktwechsel in der XII. bis XV. Variation (Takt 97–128) allerdings bewirkt bei gleicher Dauer der Notenwerte die Verdoppelung der Taktdauer. Erst unmittelbar vor der freier gestalteten Coda (Takt 253–311), in der das Thema strettaartig durchgeführt ist, wird die strenge Achttaktigkeit aufgegeben. Beibehalten wird auch durchwegs die Tonart; es findet keine Modulation zu einer anderen Stufe statt. Lediglich in der XIII. bis XV. Variation (Takt 105–128) wird – einem Verfahren der alten Ostinato-Form entsprechend – Moll zu Dur aufgehellt.

Eines allerdings unterscheidet das Finale der 4. Symphonie grundlegend von den Ostinatosätzen früherer Jahrhunderte. Ihm als einem Komponisten des 19. Jahrhunderts, als einem Komponisten autonomer Tonkunst, konnte Brahms die bloße Reihung von wie auch immer kunstvollen Variationen nicht genügen; erforderlich war für ihn vielmehr eine übergreifende, das Ganze zusammenhaltende formale Konzeption. Und Brahms fand eine formale Gestaltung, bei der sowohl der eindimensionale Fortgang des Stücks, der Übergang von einer zur nächsten charakteristisch geprägten Variation berücksichtigt als auch die zusammenfassende Gliederung verwirklicht wird. Letztere allerdings ist nicht immer so leicht faßbar wie am Beginn der XVI. Variation (Takt 129–136), der deutlich Reprisenwirkung hat. Man könnte überspitzt sagen, daß auch hier in der Passacaglia die Sonatensatzform durchschimmert – freilich nun ohne harmonische Fixpunkte und ohne durchführende Bearbeitung.

Die Hauptsatzgruppe umfaßt die Exposition des Themas und die ersten drei Variationen (Takt 1–32). Der Seitensatz wird von den zusammengehörenden Variationen IV bis VI (Takt 33–56) und von der VII. Variation (Takt 57–64) gebildet.

Mit der VIII. Variation (Takt 65–72) beginnt die fortschreitende Chromatisierung des Tonsatzes, die die allgemeine Entfernung vom Ausgangspunkt bis hin zum Wechsel der Taktart und des Tongeschlechts einleitet. Auch das Thema wird immer unkenntlicher; innerhalb der Flötenfiguration der XII. Variation (Takt 97–104) und in der XIII. Variation (Takt 105–112) sinkt es in eine gleichsam subkutane Schicht ab. Die innerhalb des abgesteckten Rahmens relativ große Distanz dieses Komplexes zum exponierten Thema könnte auf die Analogie zur Durchführung eines Sonatensatzes hindeuten.

Die XVI. Variation (Takt 129–136) bricht wie eine Reprise hervor; es handelt sich jedoch nur scheinbar um einen Reprisenbeginn. Mit der XVII. bis XXII. (Takt 137–184) folgen nämlich zunächst noch sechs weitere Variationen, die keine Entsprechung in der Exposition haben. Erst danach, fast versteckt, verschränkt in einen unmittelbar auf das Vorangehende bezogenen Tonsatz, wird von den Hörnern mit der Wiederaufnahme der Themenexposition in der XXIII. Variation (Takt 185–192) eine Gruppe von Variationen eingeführt, die der Exposition nachgebildet sind: Die XXIV. bis XXVI. Variation (Takt 193–216) entsprechen der I. bis III.; die aufeinander bezogenen Variationen XXVII und XXVIII (Takt 217–232) setzen die Verarbeitung der von Variation IV bis VI gebildeten Gruppe, des Seitensatzes, fort. Unverkennbar ist hier der auf den Zusammenhalt der Form zielende Reprisencharakter.

Über den satzinternen Zusammenhang schließlich greifen die XXIX. und XXX. Variation (Takt 233–252) hinaus; sie schaffen – wie bereits beschrieben – durch die Terzenketten (vgl. auch schon die IV. Variation, Takt 38– 40, und die VI., Takt 62–64) eine deutliche Beziehung zum I. Satz. Der emphatische Anspruch der Zusammengehörigkeit der vier Sätze als ein Werkganzes wird – wie schon in der 3. Symphonie – durch die Verbindung des Anfangs mit dem Ende unterstrichen.

VI. Zusammenfassung und Ausblick

Überblickt man die vier Symphonien, die Brahms geschrieben hat, so gewinnt man das Bild eines in besonderem Maße geschlossenen Œuvres, deutlicher geschlossen jedenfalls als das symphonische Werk anderer großer Komponisten. Offensichtlich hat auch Brahms selbst die Empfindung gehabt, daß er mit der 4. Symphonie sein letztes Wort in dieser Gattung gesagt hatte, denn in den ihm noch verbleibenden gut elf Lebensjahren gibt es keinerlei Anzeichen dafür, daß er an ein weiteres symphonisches Werk auch nur gedacht hätte. Man hat erwogen, daß sich Brahms mit der Vierzahl von Symphonien an sein angeblich großes Vorbild Robert Schumann gehalten habe; doch wird die prägende Rolle Schumanns ohnehin überschätzt, und mit seinen Symphonien hat Brahms in keinem einzigen Punkt an dessen Werke angeknüpft. Ein plausiblerer Grund für jene Einschätzung mag in der Paarbildung der beiden ersten und der beiden letzten Symphonien zu finden sein, mehr wohl aber noch darin, daß sie der Abfolge von vier Sätzen auf einer höheren Ebene zu entsprechen scheinen. Es wurde gesagt, daß das musikalische Gewicht in Brahms' Symphonien auf den Ecksätzen ruhe, die Mittelsätze dagegen im Anspruch zurückträten. Ähnliches läßt sich auch an der Werkreihe feststellen, ohne allerdings die 2. und 3. Symphonie deshalb abwerten oder geringschätzen zu wollen. In beiden indes vermischt sich der hohe handwerkliche und ästhetische Anspruch mit persönlichen Zügen des Komponisten, in der D-Dur-Symphonie mit seiner Naturverbundenheit, in der F-Dur-Symphonie mit seiner Melancholie (die freilich in der 4. Symphonie noch fortwirkt). Die Moll-Symphonien dagegen verraten höchste kompositorische Arbeit und Anstrengung, die 1. in der Auseinandersetzung mit Beethoven, die 4. durch das unverstellte Hervorkehren des kammermusikalischen Spätstils und die Retrospektive auf Bach.

Ein weiteres zusammenbindendes Charakteristikum der Brahmsschen Symphonien besteht darin, daß sie sich – freilich in unterschiedlichen Graden an Deutlichkeit – anderen Gattungen gegenüber öffnen: dem lyrischen Klavierstück, dem Lied oder Volkslied, namentlich aber – was die Dimension und vor allem die satztechnische Faktur angeht – der Kammermusik. Gewiß waren die Werke auch anderer Symphoniker nicht radikal gegen andere Gattungen abgeschottet, wie vor allem das Beispiel Gustav Mahlers zeigt, der Symphonie und Lied aufs engste miteinander verschmelzen ließ. Das Gewicht aber, das Elemente aus anderen Gattungen in Brahms' Symphonien erlangen, und die Vielfalt der Beziehungslinien in ihnen lassen diesen Aspekt zu einem besonders bedeutungsvollen Merkmal werden, das über die Gattung hinaus Rückschlüsse auf Brahms' Materialbegriff zuläßt. Die grenzüberschreitende Verwendung von musikalischen Mitteln, die traditionell an bestimmte Gattungen gebunden waren, könnte ein Indiz dafür sein, daß Brahms nicht von mehreren jeweils für eine Gattung spezifischen Beständen musikalischer Mittel ausgig, die er im Einzelfall durch Übertragung bereicherte, sondern vielmehr von einem Gesamtrepertoire des ihm verfügbaren Materials, aus dem er bei der kompositorischen Arbeit – und häufig genug ohne Rücksicht auf die Gattungsnormen – eine Auswahl traf. Genau dadurch aber hat Brahms, der stets an den traditionellen Formen und Gattungstypen festgehalten hat, gewiß ohne es zu wollen, einer generellen Tendenz des späten 19. Jahrhunderts, der Auflösung der Gattungen, Vorschub geleistet.

Als noch wichtiger für die historische Wirkung von Brahms hat sich die Bedeutung herausgestellt, die dem kammermusikalisch stringenten und kein einziges Element des Tonsatzes als nebensächlich verachtenden Zugriff im Gesamtœuvre ebenso wie in seinen Symphonien zukommt. Zu Recht hat man die Kammermusik als Kern des Brahmsschen Komponierens bezeichnet. In dieser Feststellung indes verschränken sich kompositionstechnische, ästhetische und musiksoziologische Facetten. Immer wieder wurde konstatiert, daß Brahms' Musik introvertiert, kompliziert und schwer zugänglich sei, daß sie sich nicht an den musikalischen Liebhaber, sondern an den Fachmann wende. Dies aber waren zu jener Zeit charakteristische Züge der Kammermusik; ihr war die Komplexität der Faktur ebenso eigentümlich wie die soziale Bestimmung für einen elitären Kreis von Eingeweihten. Bei der Symphonie hingegen, von der man Extrovertiertheit und Schlagkraft erwartete, galten solche Eigenschaften eher als Mangel.

Doch gerade die kammermusikalische Ausrichtung und die aus ihr hervorgegangenen weitreichenden Variations- und Verarbeitungsverfahren, die Brahms entwickelt und über alle Gattungen ausgebreitet hat, sollten zur entscheidenden Grundlage seiner historischen Wirkung, seiner Ausstrahlung auf spätere Komponistengenerationen werden. Wenn Arnold Schönberg 1933 Brahms als „Fortschrittlichen" vorstellte und damit das Brahms-Bild radikal zu verändern begann, waren es genau die Modelle der motivisch-thematischen Durchdringung des gesamten Tonsatzes, die er als Belege für Brahms' Fortschrittlichkeit anführte. Bereits der Übergang zur Neuen Musik am Anfang des 20. Jahrhunderts wurde mit kammermusikalischen Werken, etwa Schönbergs II. Streichquartett Op. 10, vollzogen, und die Entwicklung der Zwölftonmusik wäre ohne Brahms' motivische Variationstechnik nicht denkbar gewesen (die oben genannten Vorbehalte gegen Brahms' Musik, die mittlerweile wohl mehr oder minder überwunden sein dürften, werden denn auch – und dies bis heute unverändert – gegen die Neue Musik, selbst noch die von Schönberg, erhoben).

Was nun die Symphonie angeht, so haben die erklärten Nachfolger von Brahms aus der Diskrepanz, die sich zwischen dem Begriff der Gattung und seinen Symphonien auftut, die Konsequenz gezogen. Max Reger etwa, dessen Nähe zu Brahms nirgends so deutlich wird wie in seinen Orchesterwerken, komponierte als symphonische Werke lediglich die Sinfonietta Op. 90 und die Serenade Op. 95, wich also schon durch die Wahl der Titel dem emphatischen Gattungsbegriff ‚Symphonie' aus. Und Schönberg schrieb zwei Kammersymphonien, zog also betont die Schlußfolgerung aus der kammermusikalischen Ausrichtung der Brahmsschen Symphonik.

Anmerkungen

1 Die Musiktheorie im 18. und 19. Jahrhundert, Darmstadt 1989, S. 149.

2 E. T. A. Hoffmann: Schriften zur Musik, Nachlese, hrsg. von Friedrich Schnapp, München 1963, S. 19–20.

3 Siegfried Oechsle: Symphonik nach Beethoven. Studien zu Schubert, Schumann, Mendelssohn und Gade, Kassel 1992, S. 40 f.

4 Siehe vor allem die in Anm. 3 genannte Arbeit sowie Matthias Wiegandt: Vergessene Symphonik? Studien zu Joachim Raff, Carl Reinicke und zum Problem der Epigonalität in der Musik, Sinzig 1997.

5 Walter Frisch: Brahms The Four Symphonies, New York 1996.

6 Reinhold Brinkmann: Johannes Brahms. Die Zweite Symphonie. Späte Idylle, München 1990, S. 20.

7 Einleitung in die Musiksoziologie, Frankfurt 1962, S. 105.

8 Zitiert nach Carl Dahlhaus: Die Musik des 19. Jahrhunderts, Wiesbaden 1980, S. 202.

9 Franz Liszt: Berlioz und seine Harold-Symphonie, in: Gesammelte Schriften von Franz Liszt, Bd. IV, hrsg. von Julius Kapp, Leipzig 1910, S. 87 und 100.

10 Zitiert nach Eduard Hanslick: Robert Schumann in Endenich, in: Am Ende des Jahrhunderts. Musikalische Kritiken und Schilderungen, Berlin [2]1899, S. 332.

11 Ebenda, S. 342.

12 Brahms-Briefwechsel, Bd. V, S. 46–47.

13 Ebenda, S. 56.

14 Ebenda, S. 58.

15 Clara Schumann – Johannes Brahms: Briefe aus den Jahren 1853 bis 1896, hrsg. von Berthold Litzmann, Bd. I, Leipzig 1927, S. 76.

16 Brahms-Briefwechsel, Bd. V, S. 227.

17 Zitiert nach: Billroth und Brahms im Briefwechsel, hrsg. von O. Gottlieb-Billroth, Berlin 1935, S. 226.

18 Einführung und Analyse, in: Johannes Brahms Sinfonie Nr. 1 c-Moll, op. 68, Mainz 1981, S. 183.

19 Zitiert nach Berthold Litzmann: Clara Schumann. Ein Künstlerleben, 3. Band, Leipzig 1908, S. 123 f.

20 Brahms-Briefwechsel, Bd. V, S. 321.

21 Brahms und die Idee der Kammermusik, in: Brahms Studien Bd. I, Hamburg 1974, S. 47.

22 Zitiert nach Berthold Litzmann: Clara Schumann. Ein Künstlerleben, 3. Band, Leipzig 1908, S. 123 f.

23 Brief vom 12. 2. 1877 an Brahms, zitiert nach Litzmann, a. a. O., S. 349.

24 Brahms, The Four Symphonies, New York 1996, S. 54.

25 Einführung und Analyse, in: Johannes Brahms Sinfonie Nr. 1 c-Moll, op. 68, Mainz 1981, S. 233.

26 Johannes Brahms. Die Zweite Symphonie. Späte Idylle, München 1990, S. 20.

27 Brahms-Briefwechsel, Bd. VIII, S. 231.

28 Brahms-Briefwechsel, Bd. I, S. 41.

29 Brahms-Briefwechsel, Bd. X, S. 65.

30 Max Kalbeck: Johannes Brahms, III. Band 2. Teilband, Berlin [3]1922, S. 387.

31 Kalbeck, a.a.O., S. 396.

32 Brahms-Briefwechsel, Bd. II, S. 86.

33 Einleitung in die Musiksoziologie, Frankfurt a.M., 1962, S. 105.

Glossar

a cappella: Vokalmusik ohne Begleitung.

Chromatik: Von der regulären Skala einer Tonart abweichende Fortschreitung in Halbtönen.

Coda: Schlußabschnitt außerhalb der eigentlichen Form.

Couplet: Kontrastierender Zwischenabschnitt in einem Rondo.

Diastematik: Tonhöhenorganisation.

Diatonik: Tonhöhenfortschreitung auf den leitereigenen Stufen einer Tonart.

Dominante: Funktion innerhalb der Kadenz, die zur Tonika zurückführt; der Dreiklang oder Vierklang (Septakkord) der V. Stufe gilt als ausgezeichneter Vertreter der Funktion, daher wird auch die Tonart auf der V. Stufe als Dominante bezeichnet.

Durchführung: Mittelteil der Sonatenform, in dem bei schweifender harmonischer Bewegung das thematische Material der Exposition durch Zerlegung in Teilmotive, Sequenzierung und kontrapunktische Techniken verarbeitet wird.

Epilog: Anhang.

Exposition: Erster Teil der Sonatenform, der die kontrastierenden harmonischen Stufen und die sie repräsentierenden Themen in Haupt- und Seitensatz vorstellt.

Fuge, Fugato: Kontrapunktische, imitatorische Technik, die ein Subjekt oder Thema in zwei einander tonal ergänzenden Gestalten (*Dux* und *Comes*) durch die Stimmen wandern läßt; von Fuge spricht man, wenn diese Technik ein ganzes Stück oder einen wichtigen Formteil bestimmt, von Fugato bei unselbständigen Abschnitten in dieser Technik.

Harmonik: Tonhöhenorganisation, die die vertikalen Einheiten des Tonsatzes (Akkorde) und deren Fortschreitung betrifft; die durch Terzschichtung entstehenden Drei- beziehungsweise Vierklänge (Septimakkorde) und spezifische Fortschreitungsregeln sind in besonderem Maße grundlegend für die harmonische Tonalität als traditionelles musikalisches Materialsystem.

Hauptsatz, Hauptthema: Der erste Formabschnitt in der Exposition (bzw. Reprise) einer Sonatenform beziehungsweise das Thema dieses Abschnitts; er steht in der Tonika des Stücks.

Intervall: Abstand zwischen Tonhöhen; die Bezeichnungen für die Intervallabstände zwischen den Stufen der tonalen Skala sind aus den lateinischen Ordinalzahlen hervorgegangen: Prime, Sekunde, Terz, Quarte, Quinte, Sexte, Septime, Oktave.

Kadenz: „Schlußfall"; eine in der Regel aus den Funktionen Tonika – Subdominante – Dominante – Tonika bestehende harmonische Fortschreitung, die grundlegend für die Ausprägung einer Tonart ist und daher häufig als Schlußbildung dient.

Kontrapunkt: Simultane Kombination selbständiger Stimmen, die sich vor allem durch ihre rhythmisch-metrische Gestalt unterscheiden.

Liedform: Dreiteiliges Formschema aus Hauptteil, kontrastierendem Mittelteil und Rekapitulation des Hauptteils; ihm kann eine Coda folgen.

Medianten: Tonarten im Terzabstand.

Modulation: Übergang von einer Tonart zu einer anderen.

Motiv, motivisch: Kleinste rhythmisch-melodische Bildung von gestaltlicher Prägnanz und formaler Bedeutung.

Musikdrama: Der Wagnersche Operntypus, der durch „musikalische Prosa", das heißt die Lösung von der regelmäßigen Periodenstruktur, und durch die Aufhebung der Nummergliederung sowie der Differenz zwischen Rezitativ und Arie gekennzeichnet ist.

Nachsatz: Zweiter Teil einer thematischen Periode, der auf den Vordersatz „antwortet".

Ostinato: Mehrfache Wiederholung eines Themas, eines Motivs oder eines Einzeltons.

Parallele Tonart: Dur- beziehungsweise Molltonarten im Kleinterzabstand, die durch die Identität der Skala verbunden sind, zum Beispiel D-Dur und h-Moll.

Periode: Themenstruktur aus zwei gleich langen, besonders oft viertaktigen Gliedern, die in einem Frage-Antwort-Verhältnis stehen und so dem Thema Geschlossenheit verleihen.

Refrain: Hauptteil des Rondos.

Reprise: Dritter Teil der Sonatenform, in dem der tonale und thematische Konflikt der Exposition gelöst wird.

Rondo: Musikalische Form, die sich aus einem wiederkehrenden Refrain und wechselnden Couplets zusammensetzt, zum Beispiel A/B/A/C/A/D und so weiter.

Rondosonate: Sonatenform, die einzelne Momente – zum Beispiel die Wiederkehr des Hauptthemas am Anfang der Durchführung in der Tonika – aus dem Rondo übernimmt.

Schlußgruppe, Schlußsatz: Letzter Abschnitt der Exposition (bzw. Reprise) in einer Sonatenform, in dem der Kontrasttonart nochmals betont wird.

Seitensatz, Seitenthema: Zweiter (oder bei Einschub einer Überleitungsgruppe dritter) Formabschnitt in der Exposition (bzw. Reprise) einer Sonatenform beziehungsweise das Thema dieses Abschnitts; er exponiert die Konflikttonart beziehungsweise deren thematischen Vertreter.

Sequenz: Wiederholung einer Ton- oder Akkordfolge auf einer anderen Stufe.

Solosatz: Klein dimensionierte, häufig solistische Besetzung einer Passage.

Sonatenform, Sonatensatz: Form des I. Satzes im Sonatenzyklus, gegliedert in eine Exposition, die die kontrastierenden Tonarten mit ihren Themen im Haupt- und Seitensatz vorstellt, eine Durchführung, in der ein Thema oder beide Themen bei harmonisch schweifender Bewegung verarbeitet werden, und eine Reprise, in der der harmonische Konflikt der Exposition durch Rekapitulation von Haupt- und Seitensatz in der Tonika gelöst wird.

Sonatenrondo: Rondo, das Momente aus der Sonatenform – namentlich die Angleichung des zweiten beziehungsweise vierten Couplets an den Seitensatz – übernimmt.

Stretta-Coda: Im Tempo beschleunigter, „sich überstürzender" Schlußabschnitt.

Subdominante: Funktion innerhalb der Kadenz, die sich von der Tonika abwendet; der Dreiklang der IV. Stufe gilt (mit oder ohne hinzugefügte Sexte) als ausgezeichneter Vertreter der Funktion, daher wird auch die Tonart auf der IV. Stufe als Subdominante bezeichnet.

Symphonische Dichtung: Eine von Liszt begründete, aus der Konzertouvertüre entwickelte Gattung der Orchesterkomposition, die sich von der Symphonie einerseits durch Orientierung an einem Programm und andererseits durch die Einsätzigkeit unterscheidet.

Thema, thematisch: Prägnante und für die Formentwicklung wesentliche melodische Gestalt vom Umfang mehrerer Takte.

Tongeschlechter: Dur und Moll, die sich durch Unterschiede in der zugrunde liegenden Skala, vor allem durch die große beziehungsweise kleine Terz des Tonika-Dreiklangs unterscheiden.

Tonika: Grunddreiklang auf der I. Stufe einer Tonart, daher auch Hauptfunktion innerhalb der Kadenz.

Tonvorrat: Menge der Töne, ungeachtet ihrer Reihenfolge.

Trio: Kontrastierender Mittelteil innerhalb eines Tanzsatzes.

Tutti: Große, häufig genug vollständige Orchesterbesetzung einer Passage.

Überleitungsgruppe: Zwischenabschnitt zwischen Haupt- und Seitensatz einer Sonatenform.

Verminderter Septakkord: Vierklang aus drei übereinander geschichteten kleinen Terzen.

Vordersatz: Erster Teil einer thematischen Periode, der die „Antwort" des Nachsatzes herausfordert.

Literaturverzeichnis

Die Brahms-Literatur ist – auch soweit sie nur die Symphonien betrifft – so umfangreich, daß im folgenden nur eine knappe Auswahl geboten werden kann. Genannt werden die Veröffentlichungen, die den Rang von Standardliteratur haben, sowie neuere Publikationen.

Werkausgaben, Werkverzeichnis und Bibliographien

Johannes Brahms: Sämtliche Werke. Ausgabe der Gesellschaft der Musikfreunde, hrsg. von Hans Gál und Eusebius Mandyczewski. 26 Bde., Leipzig 1926–1928; Reprint, Wiesbaden 1964

Johannes Brahms: Neue Ausgabe sämtlicher Werke, München 1996 ff.; erschienen ist bisher Bd. I/1: Symphonie Nr. 1 c-Moll Op. 68, hrsg. von Robert Pascall, München 1996

Johannes Brahms: Thematisch-bibliographisches Werkverzeichnis, hrsg. von Margit L. McCorkle, München 1984

Kross, Siegfried: Brahms-Bibliographie, Tutzing 1983

Quigley, Thomas: Johannes Brahms. An annotated bibliography of the literature through 1982, Metuchen/N.J., London 1990

Briefausgaben

Billroth und Brahms im Briefwechsel, hrsg. von Otto Gottlieb-Billroth, Berlin 1935

Bülow, Hans von: Briefe an Johannes Brahms, hrsg. von Hans-Joachim Hinrichsen, Tutzing 1994

Clara Schumann – Johannes Brahms. Briefe aus den Jahren 1853 bis 1896, hrsg. von Berthold Litzmann. 2 Bde., Leipzig 1927; Reprint Hildesheim 1970

Johannes Brahms und Fritz Simrock. Weg einer Freundschaft. Briefe des Verlegers an den Komponisten, hrsg. von Kurt Stephenson, Hamburg 1961

Johannes Brahms-Briefwechsel. 16 Bde., Berlin 1906–1922; Reprint Tutzing 1974

Litzmann, Berthold: Clara Schumann. Ein Künsterleben. Nach Tagebüchern und Briefen. 3 Bde., Leipzig 1902–1908; Reprint Hildesheim 1971

Brahms-Monographien

Gal, Hans: Johannes Brahms. Werk und Persönlichkeit, Frankfurt a. M. 1961

Geiringer, Karl: Johannes Brahms. Sein Leben und Schaffen, Zürich, Stuttgart 1955; Nachdruck Kassel 1974

Kalbeck, Max: Johannes Brahms. 4 Bde. in je 2 Teilbänden, Berlin 1904–
  1914; Reprint Tutzing 1976
Kross, Siegfried: Johannes Brahms. Versuch einer kritischen Dokumentar-
  Biographie. 2 Bde., Bonn 1997
May, Florence: The Life of Johannes Brahms. 2 Bde., London 1905
Musgrave, Michael: The Music of Brahms, London, Boston 1985
Schmidt, Christian Martin: Johannes Brahms und seine Zeit, Laaber 1983,
  ²1998
Schmidt, Christian Martin: Reclams Musikführer Johannes Brahms, Stutt-
  gart 1994

Zu den Symphonien

Bailey, Robert: Musical Language and Structure in the Third Symphony,
  in: Brahms Studies. Analytical and Historical Perspectives, hrsg. von
  George S. Bozarth, Oxford 1990, S. 405–421
Brinkmann, Reinhold: Anhand von Reprisen, in: Brahms-Analysen, hrsg.
  von Friedhelm Krummacher und Wolfram Steinbeck, Kassel usw. 1984,
  S. 107–120
Brinkmann, Reinhold: Johannes Brahms. Die Zweite Symphonie. Späte
  Idylle, München 1990
Brodbeck, David: Brahms, the Third Symphony, and the New German
  School, in: Brahms and His World, hrsg. von Walter Frisch, Princeton
  1990, S. 65–80
Brodbeck, David: Brahms: Symphony No. 1, Cambridge 1997
Floros, Constantin: Brahms und Bruckner. Studien zur musikalischen Exe-
  getik, Wiesbaden 1980
Frisch, Walter: Brahms, The Four Symphonies, New York 1996
Klein, Rudolf: Die Doppelgerüsttechnik in der Passacaglia der IV. Sym-
  phonie von Brahms, in: Österreichische Musikzeitschrift 27, 1972,
  S. 641–648
Klein, Rudolf: Die konstruktiven Grundlagen der Brahms-Symphonien, in:
  Österreichische Musikzeitschrift 23, 1968, S. 258–263
Litterick, Louise: Brahms the Indecisive. Notes on the First Movement of
  the Fourth Symphony, in: Brahms 2. Biographical, Documentary and
  Analytical Studies, hrsg. von Michael Musgrave, Cambridge 1987,
  S. 223–235
Mäckelmann, Michael: Johannes Brahms. IV. Symphonie e-Moll op. 98,
  München 1991
Osmond-Smith, David: The Retreat from Dynamism. A Study of Brahms's
  Fourth Symphony, in: Brahms. Biographical, Documentary and Analyti-
  cal Studies, hrsg. von Robert Pascall, Cambridge 1983, S. 147–165
Pascall, Robert: Brahms's First Symphony Andante – The Initial Per-
  forming Version: Commentary and Realisation, University of Notting-
  ham 1992

Pascall, Robert: The Publication of Brahms's Third Symphony. A Crisis in Dissemination, in: Brahms Studies. Analytical and Historical Perspectives, hrsg. von George S. Bozarth, Oxford 1990, S. 283–294

Schubert, Giselher: Einführung und Analyse, in: Johannes Brahms Sinfonie Nr. 1 c-Moll, op. 68, Mainz 1981

Schubert, Giselher: Themes and Double Themes: The Problem of The Symphonic in Brahms, in: 19th Century Music 18, 1994

Steinbeck, Wolfram: Liedthematik und symphonischer Prozeß. Zum ersten Satz der 2. Symphonie, in: Brahms-Analysen, hrsg. von Friedhelm Krummacher und Wolfram Steinbeck, Kassel usw. 1984, S. 166–182

Tovey, Donald Francis: Essays in Musical Analysis, Bd. 1: Symphonies 1 London usw. 1935

Weber, Horst: Melancholia. Versuch über Brahms' Vierte, in: Neue Musik und Tradition, Festschrift Rudolf Stephan zum 65. Geburtstag, hrsg. von Josef Kuckertz u. a., Laaber 1990, S. 281–295

Personenregister

Buchanzeigen

C.H.BECK ◼ WISSEN

in der Beck'schen Reihe